자녀는
엄마의 축복으로
자란다

자녀는
엄마의 축복으로
자란다

초판발행 2015년 1월 10일
지은이 이종혜
펴낸이 장병주
펴낸곳 예책
등록번호 제 17-311호
주소 서울시 서초구 서초동 1628-62 거송빌딩 205호
영업부 02-3489-4300
출판부 02-6401-2657
FAX 02-3489-4309

책 값은 뒤표지에 있습니다.
ISBN 978-89-98300-09-8   03230
편집부에서 독자의 의견을 기다립니다.
21cbooks@naver.com

자녀의 장래를 위한
엄마의 축복 62가지

이종혜 지음

자녀는 엄마의 축복으로 자란다

예책
Jesus'books

추천의 글

축복하는 엄마가 쓴 착한 책

내가 아는 이종혜 사모님은 마음이 무척 따뜻한 여인입니다. 온유함과 평안함이 그녀의 이름이지요. 한 목회자의 아내이자 두 아이의 엄마입니다. 사모님의 둘째 아이가 태어날 무렵에 만났는데 어느새 그 아이들이 대학생과 고등학생이 되었습니다.

이 책의 내용은 이종혜 사모님이 두 자녀에게 해주고 싶었던 말인 동시에 자신을 향해서도 하고 싶었던 말들이 아닐까 합니다. 내 사랑하는 자녀에게 해주고 싶은 말, 내 사랑하는 자녀가 이렇게 되었으면 좋겠다는 소원이 이 책에 담겼습니다. 자녀를 둔 이 땅의 엄마들도 이종혜 사모님과 다르지 않을 줄 압니다. 사모님은 그런 엄마들과 함께 마음을 나누고, 은혜와 위로를 나누고 싶어 이 책을 썼을 것입니다.

이 책에 들어 있는 내용은 '나는 이렇게 자녀들을 잘 키웠으니 나를 따르시오'라고 엄마들을 가르친다거나 '그리스도인 엄마는 이래야 한다'고 교훈하기 위해 쓴 것이 아닙니다. 분명 이 책을 읽은 부모들은, '아, 그렇구나. 어쩜 내 마음과 이리도 같을까. 그래, 내가 잘 하고 있구나' 하고 격려 받을 것입니다. '아, 이런 아이디어도 있구나. 이런 표현도 있네. 이렇게 말해 주면 되겠구나. 이렇게 기도해야 하겠네' 하고 깨달음도 얻을 것입니다.

책을 쓴 사람과 책 내용 둘 다 보고 이 책을 기쁜 마음으로 추천합니다. 이 안에는 은혜로 자녀를 양육하고 싶은 엄마의 바람과 기도가 담겨 있습니다. 축복하는 엄마가 쓴 착한 책입니다. 사랑합니다.

조현삼 목사(서울광염교회 담임)

축복을 요리하는
엄마

아들이 2학년 때 유년부 성경 캠프에 다녀왔습니다. 캠프에서 배운 공과책이 보이기에 넘겨보는데, 그중에 "엄마가 자주 하는 말씀이 무엇인가요?"라는 질문을 보았습니다. 나름 잔소리보다는 고상하고 인격적인 말로 아이들을 키우고 있다는 자부심이 살짝 스치면서 내심 기대가 되었습니다. 그런데 그 생각은 순전히 저 혼자만의 착각이었습니다. '엄마가 가장 자주 하는 말'은 "TV 끄고 밥 먹어"이고, 그다음은 "들어가서 자", 그리고 세 번째가 "씻어라"였습니다. 그 가운데 내가 기대했던 말은 없고 전혀 생각지도 못한 일상의 잔소리만이 아이의 마음속에 남아 있는 것 같아 미안하고 부끄러웠습니다. 한편 생각해 보면 '사랑한다', '축복한다'는 말은 어쩌면 듣고 또 들어도 많이 들었다는 생각이 들지 않는 모양입니다. 반면에 잔소리는 한 번만 들어도 무척 많이 들은 것처럼 기억이 될 수도 있겠다는 생각이 들었습니다. 아이가 스스로 하기를 기다리지 못해서 내 잔소리가 너무 빨리 튀어나온 것이 일상이었던 것 같습니다. 잔소리를 해서 억지로 끌고가기보다는 축복의 말로 뒤에서 힘껏 밀어 주었다면 더 사랑받는 행복한 아이로 성장해 갔을 텐데 말입니다.

제가 초등학교에서 아이들을 가르친 지 어느덧 23년째 접어들고 있습니다. 아이들을 가르치다 보면 어린 1학년부터 저보다 키가 큰 6학년까지 나이를 불문하고 아이들이 얼마나 축복에 목말라 있는지를 봅니다. 엄마라서 당연히 자녀를 사랑하겠지만 자녀 입장에서 그것을 느끼지 못하는 안타까운 모습도 꽤 봅니다. 위의 이야기에서처럼 '엄마=잔소리'를 떠올리는 아이들도 적지 않습니다. 자녀가 잘되기를 바라는 마음은 누구보다 크겠지만 지금 무엇을 바라야 하는지, 아이의 몸과 마음과 머리가 고르게 잘 자라고 있는지 점검해 보아야 합니다. 다 자녀가 잘되라고 하는 말들이 잔소리가 되어 버리면 자녀의 귀로 들어가는 것이 아니라 허공으로 흩어져 버릴 것입니다. 잔소리를 들으며 자란 자녀는 자칫 수동적이고 엄마의 기쁨을 위해 사는 자녀가 될 수 있습니다. 하지만 축복의 말을 듣고 자란 자녀는 자신이 하는 일에 성취감과 행복을 누리고, 엄마에게도 큰 기쁨이 될 뿐 아니라, 그 삶 자체가 바로 하나님께 영광 돌리는 인생이 됩니다. 그것이 바로 하나님께서 우리에게 자녀를 맡기신 뜻입니다. 또 엄마가 그렇게 할 때 하나님이 우리의 자녀를 복되게 키우실 것입니다.

축복은 하고 싶은데 어떤 말로 어떻게 해야 할지 막상 어렵게 느껴질 수도 있을 것 같습니다. 요리를 안 하다가 모처럼 하려면 어려움을 느끼는 것처럼 말이지요. 매일 밥을 먹이듯 축복을 요리해서 먹이는 엄마가 되었으면 좋겠습니다. 저는 이 책에서 축복에 목마른 아이들,

축복을 기다리는 아이들에게 아이의 눈높이에 맞추어, 그 아이들이 처한 문제와 상황을 생각하며 들려주고 싶은 이야기를 썼습니다. 믿음은 바라는 것들의 실상이라고 하셨습니다. 자녀를 향해 바라는 모습을 믿음으로 그리며 축복한다면 엄마의 자리가 더 없이 소중하고 행복하게 느껴질 것입니다.

소중한 딸 다은이와 아들 성민이를 맡겨 주신 하나님께 감사드립니다. 여러모로 부족한 엄마임에도 불구하고 하나님께서 키워 주셨음을 고백하며, 엄마에게 주는 기쁨과 행복으로 인해 얼마나 감사한지 두 아이에게 말해 주고 싶습니다. 아직도 자라는 과정에 있기에 축복과 기도의 제목들은 매일 새로워지고 있습니다. 제가 쓴 글들이 책으로 엮어져 나오기를 누구보다 바라고, 늘 곁에서 응원과 격려를 아끼지 않은 저의 소중한 짝꿍에게 사랑과 고마움을 전합니다. 함께 사시면서 아이들을 잘 키워 주신 어머님께도 감사드립니다. 제게 처음 펜을 쥐여 주시고, 글을 쓸 수 있도록 장을 열어 제 안의 글 쓰는 달란트를 꺼내고 키워 주신 조현삼 담임목사님께 감사와 사랑의 마음을 전합니다. 하나님의 방법대로 자녀를 키우기 원하는 모든 엄마들과 이 축복의 이야기를 함께 나눌 수 있으면 좋겠습니다.

2014년 겨울에
다은이, 성민이 엄마

추천의 글 | 축복하는 엄마가 쓴 착한 책 _조현삼 목사 • 4
프롤로그 | 축복을 요리하는 엄마 • 6

PART 1 학교생활을 위한 엄마의 축복

01. 재미있는 일을 선택해서 신나게 달려가거라 • 19
02. 너는 지금 큰 나무가 되려고 깊이 뿌리를 내리는 중이란다 • 22
03. 친구를 위해 더 수고하고 아는 것을 나누는 사람이 되렴 • 25
04. 성적을 올리려면 스스로 공부하는 힘을 길러야 한단다 • 28
05. 공부는 잘하려고 하면 힘들지만 즐기며 하면 잘해지는 신비가 있단다 • 31
06. 시험은 하나님께서 가장 좋은 것을 주시려고 준비한 과정이란다 • 34
07. 세계로 나갈 꿈에는 영어가 빠지지 않는단다 • 38
08. 사람들 앞에서 떨릴 땐 응원하시는 하나님을 바라보렴 • 42
09. 나쁜 주먹보다 하나님의 지키심이 훨씬 강하단다 • 45
10. 친구가 괴롭힐 땐 엄마에게 말해 주렴. 하나님도 엄마도 네 편이란다 • 48
11. 책을 읽으면 지혜를 얻고 생각하는 힘이 커진단다 • 51
12. 학교 밖에서 배운 산지식은 인생의 큰 자산이란다 • 54
13. 자기 역할을 잘하는 사람은 주인공보다 더 빛나는 존재란다 • 57
14. 복의 근원인 너로 인해 학교도 복을 누릴 거란다 • 60

건강한 마음을 위한 엄마의 축복

15. 가족은 언제나 네 편이야. 먹고, 쉬고, 평안을 얻으렴 • 67
16. 비교가 아닌 감사함으로 얻는 행복을 누리렴 • 70
17. 예수님처럼 보고 들으면 무서운 세상도 소망이 있단다 • 73
18. 마음을 다해 공부했으면 결과에 만족하고 즐거워하렴 • 76
19. 오늘은 예수님께 걱정을 맡기고 단잠 자기를 축복해 • 79
20. 부족하고 모자라거든 세상에 하나뿐인 것을 창조해 보렴 • 82
21. 억울하니? 예수님과 함께 당당하게 견디렴 • 85
22. 염려는 예수님께 맡기고 네 일에 최선을 다하렴 • 88
23. 친구의 장점을 보고 칭찬해 주는 '해피바이러스'가 되거라 • 91
24. 오늘도 하나님 품안에서 안전하기를 기도할게 • 94
25. 널 힘들게 하는 문제는 널 단단하게 할 훈련일 뿐이란다 • 97
26. 좋아서 웃고, 웃겨서 웃고, 신나서 웃는 하루 되렴 • 100

PART 3 단단한 믿음을 위한 엄마의 축복

27. 구원은 값 주고 살 수 없어서 '은혜의 선물'이란다 · 107
28. 십일조에는 용돈이 풍성해지는 비밀이 있단다 · 110
29. 너는 하나님께서 만드신 최고의 명품이란다 · 113
30. 너희 안에는 예수님의 생명이 흐르고 있단다 · 116
31. 하나님의 뜻이 아니면 당당하게 'NO'라고 말하렴 · 119
32. 매일 밥 먹듯 성경말씀을 먹으며 자라거라 · 122
33. 살아 계신 하나님은 오늘도 너를 돕고 계시단다 · 125
34. 성령님은 마음이 아픈 곳을 찾으시고 고쳐 주신단다 · 128
35. 잘못은 숨기지 않고 고백할 때 용서받는 거란다 · 131
36. 천국은 우리에게 어려움을 이기고 견딜 힘을 준단다 · 134
37. 우리의 계산보다 놀라운 하나님의 기적이 나타나길 기도할게 · 137
38. 네가 하나님의 뜻을 행하는 그곳이 천국이 된단다 · 140

PART 4 좋은 성품을 위한 엄마의 축복

39. 긴 행복을 위한 인내도, 소박한 즐거움도 아는 아이가 되렴 · 147
40. 넘어져도 다시 일어나면 시련을 견디는 힘이 생긴단다 · 150
41. 어떤 어려움도 이겨내길 엄마가 응원할게 · 153
42. '내가'가 아닌 '하나님'이라고 말하는 겸손한 사람이 되렴 · 156
43. 화가 날 땐 먼저 온유함으로 말과 행동을 아끼자꾸나 · 159
44. 인터넷에서는 더욱 친구를 아끼며 말을 하렴 · 162
45. 게으름 피우고 싶거든 개미의 부지런함을 배우렴 · 165
46. 섬기고, 배려하고, 약속을 지키는 회장이 되렴 · 168
47. "너는 예수님 닮았구나." 칭찬받는 하루 되렴 · 171
48. 성(性)은 결혼한 가정 안에서 아름답단다 · 174
49. 작은 것도 좋아해 줄 때 엄마는 더 주고 싶어진단다 · 177
50. 정직함으로 얻은 당당함도 분별력 안에서 누리렴 · 180

PART 5 친구관계를 위한 엄마의 축복

51. 기쁨도 슬픔도 함께 나누면 친구도 너도 행복하단다 • 187
52. 선생님을 존경하면 지식과 지혜를 함께 배운단다 • 190
53. '다름'에서 배우고, '같음'을 나누면 좋은 친구가 될 거란다 • 193
54. 따뜻한 관심이 친구의 거친 행동을 바꾼단다 • 196
55. 친구가 힘을 얻고 마음이 살아나는 말을 해주렴 • 199
56. 서운하고, 화나서 싸우기 전에 먼저 말을 걸어보렴 • 202
57. 친구와의 약속은 지키고, 하나님의 약속은 신뢰하렴 • 205
58. 지켜봐 주고, 기다려 주고, 함께 나아가렴 • 208
59. 밖에서 함께 놀면 사이도 좋아지고 건강해진단다 • 211
60. 네 말은 천천히, 친구의 말엔 호응하는 센스쟁이가 되렴 • 214
61. 하나님도 웃으실 재치와 유머를 발휘해 보렴 • 217
62. 사랑으로 주는 훈계라면 감사함으로 받으렴 • 220

에필로그 | '사랑한다, 축복한다' 더 많이 말해 줄게 • 223

PART 1

학교생활을 위한
엄마의 축복

그런데 말야, 좋아하는 일을 누구나 잘할 수 있는 건 아니란다. 하나님께서 주신 재능과 소질을 발견하는 일도 중요하지. 이 두 가지가 맞아야 행복한 직업인이 되는 거란다. 그래서 꿈이 생기면 그에 맞는 재능을 키우고 훈련하는 과정도 반드시 있어야 한다는 걸 마음에 두기를 바란다.

01

"저는 커서 무슨 일을 할까요?"

재미있는 일을 선택해서
신나게 달려가거라

"엄마의 꿈은 뭐였어요? 어릴 때부터 선생님이 되고 싶었어요?"

"글쎄, 꿈이 뭐였더라? 어릴 때부터 선생님이 되겠다고 생각하진 않았는데…."

"전 아직도 제가 뭘 해야 할지 모르겠어요. 하고 싶은 게 너무 많아요."

"그렇구나. 무엇을 할지 고민이 되는구나."

너희는 꿈이 참 자주 바뀌는구나. 다니는 플루트를 배우면서 음악

가가 되고 싶어 했고, 영어가 재밌다고 외교관이 된다고도 했었지. 영부인도 되었다가 통역관도 되고, 교수도 되고 그랬는데 지금 우리 딸의 꿈은 무엇일까? 미니가 처음 가진 꿈은 전도사님과 축구선수였단다. 낮에는 전도사님 하고, 밤에는 축구선수를 한다고 했지. 노래하고 춤추는 걸 좋아해서 연예인이 된다고 했다가 태권도를 배울 땐 사범님이 된다고도 했는데, 지금 우리 아들의 꿈은 무엇일까? 하고 싶은 것도 많고, 되고 싶은 것도 자꾸 바뀌지만 엄만 너희들이 자기 일을 사랑하고 즐기는 행복한 사람이 되기를 바란단다.

지금 꼭 무엇을 결정해야 하는 건 아니란다. 지금은 다양한 것을 배우고 경험하면서 너희가 좋아하고 잘할 수 있는 일을 찾아가는 중이거든. 관심이 가고 마음을 차지하는 일을 경험해 보도록 해라. 쉽게 시작하고 싫증난다고 금방 그만 두는 가벼운 마음이 아니라면 말이지. 배우고 싶고 궁금한 것이 있으면 탐색하고 도전하기를 권하고 싶구나. 무엇을 잘할 수 있는지, 어떤 일에 가슴이 뛰는지 경험할 수가 있거든. 엄만 너희가 직업을 선택할 때 인기가 기준이 되거나 수입이 기준이 되는 것이 아니라, '네가 좋아하는 그 일을 선택'하기를 바란다. 어쩌면 몇 십 년 혹은 평생을 하게 될 일인데 좋아서 즐겁고, 그 일을 할 때는 가슴이 뛰는 일을 해야 앞으로 살아갈 수많은 날 동안 행복할 수 있지 않겠니?

그런데 말야, 좋아하는 일을 누구나 잘할 수 있는 건 아니란다. 하나님께서 주신 재능과 소질을 발견하는 일도 중요하지. 이 두 가지가 맞아야 행복한 직업인이 되는 거란다. 그래서 꿈이 생기면 그에 맞는 재능을 키우고 훈련하는 과정도 반드시 있어야 한다는 걸 마음에 두기 바란다. 꿈의 결과만 바라지 말고 거기에 이르는 과정을 탐색하고, 노력할 줄 아는 우리 딸 아들이 되기를 바란다. 진로를 찾아가는 과정은 보물 지도를 들고 탐험을 하는 것과 같아. 그 과정에서 넘어야 하는 산과 강을 열정을 가지고 통과하는 멋진 사람이 되기를 축복한다. 사랑해.

································ 엄마의 기도 ································

저희 자녀에게 여러 가지 달란트를 주신 주님, 감사합니다. 그것을 땅속에 묻어 두었다가 천국에 그대로 가져가는 안타까움이 없게 하시고, 잘 사용하여 남김이 있게 하소서. 장차 자기 일을 즐기고 사랑하는 행복한 삶을 살게 하소서. 예수님의 이름으로 기도합니다. 아멘.

··

02

"공부는 언제까지 해야 하나요?"

너는 지금 큰 나무가 되려고
깊이 뿌리를 내리는 중이란다

'모소'라는 대나무가 있단다. 이 나무는 중국의 극동지방에서 자라는 희귀한 대나무인데 그 지역의 농부들은 여기저기에 씨앗을 뿌려 놓고 매일 정성을 들여 키운다고 하는구나. 그러면 씨앗에서 싹이 트겠지? 그런데 그렇게 싹이 난 후엔 4년이 지나도록 3cm 정도밖에는 안 자란다는구나. 몇 년 동안이나 아무 변화도 없는 그 대나무와 그걸 정성껏 키우는 농부들을 보고 다른 지방 사람들은 도무지 이해가 되지 않는다며 고개를 젓는단다. 그런데 말야, 5년째 해가 되면 그 대나무는 폭발적으로 자라기 시작한대. 6주 만에 키가 15m 이상 자라서 빽

빽한 대나무 숲을 이룬다는구나. 놀랍지 않니? 불과 6주 만에 어떻게 그렇게 울창한 대나무 숲이 될까 싶겠지? 그런데 땅 위에선 아무 일도 없어 보이던 4년 동안 나무는 보이지 않는 땅속에서 엄청나게 넓은 지역에 뿌리를 뻗친다고 해. 그렇게 뿌리를 다 내린 후에는 순식간에 키가 크는 거야. 농부들은 그때부터 많은 소득을 얻는다는구나.

공부하는 게 힘들지? 그걸 왜 하나 싶을 때가 있을 거야. 열심히 하고 있는 것 같은데 점수는 잘 안 나오고, 계속 노력해도 큰 성과는 없는 것 같고, 도대체 수학은 왜 해야 하는 건지, 영어는 왜 그렇게 많은 시간을 들여 배워야 하는 건지, 책을 많이 읽으라고 하는데 왜 읽어야 하는 건지, 공부는 언제 끝이 나는 건지 답답할 때가 있을 거야. 너희가 살아가는 데 그게 어떤 상관이 있는지 딱히 누가 시원하게 말해 주는 것도 아니고 말야. 너희가 뿌린 씨는 도대체 언제쯤 눈에 보이는 열매로 손에 쥐어지는 것인지 궁금할 거야.

사랑하는 다니야, 미니야. 너희는 지금 뿌리를 내리고 있는 중이란다. 땅 위에선 보이지 않아서 아무 일도 없는 것 같지만 보이지 않는 땅속에선 넓고 단단한 뿌리가 자라고 있는 중이지. 그 광대한 뿌리가 다 자리를 잡고 나면 거기서 빨아들이는 양분으로 열매가 열리기 시작하는 거란다. 때가 되어 풍성한 열매를 거두기 시작하면 그 열매로 인해 너희도 배가 부르고, 너희와 함께하는 사람들도 만족과 즐거움을 누릴 거야. 뿌리가 넓고 단단하게 자리 잡을수록 그 뿌리를 통해 흡수하는 물과 양분이 충분해서 열매는 힘쓰지 않아도 자연스럽게 맺혀질 거란다. 공부를 할 때 자칫 그 뿌리는 생각하지 않고 열매만 맺으려고 하다 보면 그 속이 비어 있어 맛이나 영양이 없을 수도 있단다. 단단하고 실한 열매가 사람들의 입을 즐겁게 하고 먹어도 영양이 되는 것처럼 우리 다니, 미니가 장차 많은 사람들을 먹이고 기쁨을 주는 사람이 되리라 엄마는 믿는단다. 기대하고 축복한다. 사랑해.

엄마의 기도

저희 자녀를 사랑하시는 주님, 감사합니다. 지금 공부하고 경험하는 많은 일들이 당장에 열매로 나타나지 않을지라도 장차 풍성하게 열매 맺는 그날을 소망하며 인내하게 하옵소서. 저희 자녀를 통해 큰 영광 받으실 주님을 찬양합니다. 예수님의 이름으로 기도합니다. 아멘.

03

"친구가 학습 준비를 안 해와요."

친구를 위해 더 수고하고
아는 것을 나누는 사람이 되렴

"뭘 인쇄하는 거니? 어제 해놓았으면 좋았을 걸. 바쁜 아침에 하느라 학교 늦겠다."

"제 건 어제 다 했어요. 이게 모둠 활동이거든요. 그런데 저희 모둠에 맨날 숙제를 안 해오는 친구가 있어서 그것까지 하는 거예요. 한 사람만 자료를 안 가져와도 저희 모둠은 아무것도 못 해요. 점수도 깎이고요. 그래서 할까 말까 하다가 그냥 제가 뽑아 가려고요. 휴~! 그 친구 땜에 힘들어요."

"그랬구나. 힘들었겠네. 그래도 우리 미니 기특하다. 친구 대신 네가 좀 더 할 줄도 알고 말이야."

　모둠이 함께 활동을 하다 보면 준비를 좀 많이 하는 사람이 있고 적게 하는 사람도 있게 마련이란다. 생각하기엔 모둠이 같은 점수를 받으니까 똑같은 분량으로 나누어서 해야 맞겠지. 그런데 여러 사람이 모여 공부하고 일하는 곳을 보면 꼭 그렇지가 않단다. 좀 더 일하는 사람이 있고 좀 적게 일하는 사람이 있게 마련이지. 그 친구가 게을러서 그럴 수도 있겠지만 집에서 프린트할 수 없는 사정이 있을 수도 있고, 어쩌면 무엇을 해야 할지 잘 모를 수도 있는 거란다. 네가 손해 보는 것 같고 희생하는 것 같지만, 그만큼 너는 더 할 수 있는 능력이 되는 것이니 감사하지 않니? 좀 더 수고하는 것을 기쁨으로 여기는 우리 아들이 되기를 축복한다.

　공부하는 과정에서 더 많이 알면 모르는 친구를 가르쳐 주거나 방법을 못 찾는 친구를 위해 도움을 줄 수가 있지. 공부를 잘하면서 친구 관계도 좋은 사람은 자기 것을 움켜쥐려고 하지 않고 친구의 필요를 바라보고 도와주는 사람이란다. 반면에 공부는 잘하는 데 주변에 친구가 없거나 관계가 좋지 않은 사람도 있단다. 자기 혼자만의 것이라 생각하고 도와주거나 나누는 걸 손해라 여기는 사람이지. 얘들아, 지식을 가지고 혼자만 잘 사는 사람이 될 것인지, 그것으로 여러 사람과 더불어 살 것인지 마음을 정하는 건 중요한 일이란다. 그건 너희가 살아가는 삶의 자세거든. 물질이 많은 사람은 물질을 나눌 줄 알고, 건강하고 힘이 있는 사람은 몸으로 봉사할 수도 있는 것처럼 지식이 있는 사람은 그것을 나누어 줄 수 있는 거란다. 나누고 더 수고하기를 기뻐하는 멋진 우리 딸 아들이 되어라.

어떤 사람은 돈이 많아야 남을 도울 수 있다고 생각을 하지. 하지만 그렇지 않단다. 재능, 물질, 지식, 건강, 시간, 그 어떤 것이든 가진 것을 이웃과 나누며 사는 삶은 아름다운 것이란다. 사람은 혼자 사는 것이 아니거든. 도움을 주면 언젠가는 받을 때도 있는 것이란다. 더불어 살고 어울려 살면서 행복을 누리는 우리 딸 아들이 되기를 축복한다. 사랑해.

·················· 엄마의 기도 ··················

저희 자녀에게 많은 것을 주신 주님, 감사합니다. 저희에게 그 사실을 깨닫는 은혜가 있게 하소서. 자기가 가진 것을 이웃과 더불어 나누며 사는 아름다운 자녀가 되게 하소서. 예수님의 이름으로 기도합니다. 아멘.

04

"성적을 쉽게 올리는 방법은 없나요?"

성적을 올리려면
스스로 공부하는 힘을 길러야 한단다

"그래, 힘 안 들이고 성적 올리는 방법을 검색하니까 답이 있든?"
"아니요. 그건 도둑 심보라는대요?"
"하하하. 인터넷을 검색하면 늘 답이 나온다더니 이번에도 정답을 찾았구나."

미니야, 네가 좋아하는 축구를 잘 하려면 어떻게 해야 할까? 연습 밖에는 없지 않니? 아무리 요령과 기술을 귀로 듣는다 해도 많은 시간 연습을 해야 실력이 늘겠지. 바이올린을 배우는 사람이 연주를 잘할 수 있는 방법이 무엇일까? 역시 연습밖에 없단다. 공부도 다르지 않단다. 수고하지 않고 실력이 향상되기를 원하는 건 헛된 욕심이겠지. 가령 수학 문제를 푸는 요령이나 공식을 배웠다고 하자. 그렇다고 해도 직접 문제를 풀어 보는 과정이 없으면 자기 실력이 아닌 거란다. 공부하고 배우는 일에 쉬운 길을 찾지 말고 성실하게 노력하는 우리 딸 아들이 되기를 축복한다. 네가 오늘 그런 것처럼 요즘엔 숙제를 할 때 인터넷 검색으로 쉽게 해결하는 경우가 많지. 그 안에 들어 있는 정보들을 잘 이용하면 유익할 거야. 하지만 배우는 사람이 늘 남이 찾아 놓은 정답만을 의존하면 스스로 생각하고 찾아가는 방법을 배울 수가 없단다. 다양한 방법과 매체를 통해 스스로 답을 찾아가는 수고가 있어야 공부하는 힘이 생기는 거야. 배우는 일에 땀 흘리고 수고할 줄 아는 성실한 우리 딸 아들이 되어라.

성실이 무엇인지 한마디로 말하라면, '예수님께 하듯 하는 것'이라고 말하고 싶어. 가령 신발을 만드는 사람이 예수님께서 신으실 것이라 생각하고 만든다면 편안하고 멋진 신발을 만들기 위해 정성을 다하겠지. 음식을 만드는 사람이 예수님께서 드실 것이라 생각하면 맛있게 만들기 위해 최선을 다할 거란다. 너희도 무슨 일을 하든지 예수님께 하듯 하기를 축복한다. 예수님께서는 제자들이 열심히 자기 일을 할 때 제자로 부르셨단다. 크든 작든 자기 일에 성실한 사람에게 예수님은 더 크고 귀한 일을 맡기시지. 무슨 일을 하든지 예수님께 한다는 마음으로 성실하게 하는 우리 딸 아들이 되기를 축복한다. 사랑해.

성경의 달란트 비유를 보면 다섯 달란트 받은 사람과 세 달란트 받은 사람은 성실하게 일해서 남김이 있었지. 그런데 한 달란트 받은 사람은 그것을 땅속에 묻어 두었다가 하나님 앞에 그대로 가져가서 책망을 받고 그것마저 빼앗겼단다. 하나님께서는 너희에게도 여러 가지 달란트를 주셨지. 그 달란트가 무엇이든 얼마만큼이든 잘 사용하여 남기는 것이 성실함이란다. 주신 달란트를 성실하게 사용하여 하나님께 영광된 삶을 살기를 축복한다. 그런 너희에게 하나님께서 "잘했구나. 착하고 충성되었다" 하시며 상 주실 거야. 사랑해.

엄마의 기도

주님, 저희 자녀들이 성실하게 하소서. 수고하지 않고 무엇을 얻으려는 욕심을 버리게 하시고, 성실함으로 하나님과 사람들 앞에서 인정받고 상 받게 하소서. 성실한 저희 자녀들에게 큰일을 맡기실 줄 믿습니다. 예수님의 이름으로 기도합니다. 아멘.

05

"공부가 너무 힘들어요."

공부는 잘하려고 하면 힘들지만
즐기며 하면 잘해지는 신비가 있단다

"엄마, 그 도형 이름이 뭐죠? 밑은 쭉~ 위는 동그란 거요."
"반원?"
"아 맞다! 반원. 엄마 제가 얼굴로 반원을 만들어 볼게요."
"요즘 네가 새로 도형을 배우는 모양이구나. 그렇게 눈을 크게 치켜 뜨고 입 양쪽을 쭉 늘이니까 반원 맞네. 미니한테는 수학도 놀이가 되는구나."

그러고 보면 공부가 그리 멀리 있는 건 아니네. 우리 주변에 있는 물건이나 가까이서 일어나는 일들이 다 공부하는 내용이 되는구나. 미니가 좋아하는 과자에도 원, 사각형, 삼각형이 들어 있지. 엄마가 지금 국을 끓이고 있지? 여기엔 열에 관한 과학이 숨어 있고, 맛나라고 넣는 양념은 과학 시간에 배우는 물질들이란다. 지금 나누는 대화가 국어이고, 뉴스를 이해하는 것이 사회공부겠지. 공부는 생활과 따로 떨어진 것이 아니라 네가 살아가는 세상을 알아가는 것이란다. 매일 함께 노는 친구처럼 가까운 셈이지. 공부가 친구처럼 편안하고 놀이처럼 즐거운 일이 되기를 축복한다. 엄마도 어릴 땐 공부는 안 하고 매일 놀기만 하면 좋겠다고 생각하기도 했지. 그런데 애들아, 먹고 싶고 놀고 싶은 마음뿐 아니라 너희 안에는 '새로운 것을 알고 싶은' 배고픔도 있단다. 그건 배움을 통해서만 채워질 수 있는 거야. 궁금하고 모르는 걸 드디어 알게 되었을 때의 기쁨은 경험한 사람만이 아는 즐거움이지. 알아가는 기쁨을 누리는 우리 딸 아들이 되어라.

공부를 안 해도 살 수는 있단다. 단지 답답하고 불편할 따름이지. 생활 속에는 어떤 과학의 원리가 들어 있는지, 경제 속에는 어떤 수학이 숨어 있는지, 세상엔 왜 그런 현상들이 일어나는지 궁금해지거든. 세계는 어떤 역사 속에 살아왔고 지금 너는 어떤 시대 가운데 살고 있는지도 말야. 다른 나라에 대해 알고 싶다고 했지? 그 나라 사람들이 어떤 생각을 하고, 어떻게 사는지 알기 위해 책을 통해서 혹은, 직접 가서 만나고 보면서 배우고 싶지 않니? 그러기 위해서는 언어라는 도구도 필요하단다. 언어의 장벽을 넘는다면 그곳에 가서 경험할 수도 있고, 거기서 공부할 기회가 있을 때 도전할 수가 있는 거야. 또 언어 속에는 그 나라 사람들의 문화와 정서가 담겨 있기도 하단다. 단지 좋은 대학을 가기 위해, 좋은 직장을 얻기 위해 공부해야 한다면 멀고 지루한 길일 수도 있어. 하지만 네가 살아가는 세상을 더 잘 알고 지식을 넓히기 위해 공부를 즐긴다면 공부는 재밌는 놀이가 될 거란다. 공부는 잘하기 위해 하면 힘들지만, 즐겁게 하다 보면 잘하게 되는 신비함이 있지. 공부를 통해 더 넓은 세상을 경험하고 누리는 우리 딸 아들이 되기를 축복한다. 사랑해.

엄마의 기도

주님, 저희 자녀가 공부하는 학생의 때에 즐겁게 공부하는 은혜를 주옵소서. 공부가 놀이가 되고 친구가 되게 하옵소서. 공부를 통해 세상을 잘 알고 넓게 경험하며 누리게 하소서. 예수님의 이름으로 기도드립니다. 아멘.

06

"시험은 안 보면 안 되나요?"

시험은 하나님께서
가장 좋은 것을 주시려고 준비한 과정이란다

　　요즘 시험공부에 열심인 너희를 보니 엄마는 마음이 짠하면서도 스스로 알아서 준비하는 모습이 기특하더구나. 그러고 보니 시험은 엄마에게도 늘 어려운 일이었어. 그래서 대학교를 졸업할 때 엄마도 '드디어 시험을 보지 않아도 된다'는 사실에 신이 났었단다. 그런데 그렇지 않더구나. 계속 새로운 지식과 방법을 배우기 위해 연수도 받고, 시험을 치르기도 했단다. 날마다 만나는 사람들과의 관계에서도 시험이 있고, 매일 일하는 직장에서도 풀어야 할 문제들이 늘 있었어. 그래서 잘 풀고 나면 하나님 앞에서나 사람들 앞에서 좋은 점수를 받기도 하고 어떨 때는 그 시험에 떨어져서 다시 시험을 치르기도 했단다. 어쩌면 사는 동안 시험은 계속되는 것인지도 몰라. 이렇게 시험은 어른이 되어서도 계속 되지만 분명한 것은 그 시험을 통해서 우리가 성장한다는 사실이란다.

지식을 평가할 때도 시험을 보고, 자격을 알아볼 때, 회사에 취직할 때, 진급할 때도 시험을 치러. 생각해 보면 인생 자체가 시험의 연속인 것 같아. 하나의 시험을 보고 나면 또 다른 시험이 계속 다가오거든. 시험은 끝이 아니라 성장의 과정이란다. 시험에 틀렸다고, 모르는 것이 드러났다고 부끄러워할 필요가 없는 거야. 너희는 배워가는 과정에 있기 때문에 당연히 틀릴 수 있는 거란다. 단원평가를 보고 나서 하나 더 틀렸다고 세상을 다 잃은 것처럼 속상해하거나, 100점을 받았다고 세상을 다 얻은 것처럼 여기지 않았으면 좋겠구나. 한 번의 시험에 너무 크게 울고 웃는 사람이 되지 않기를 바라. 시험을 통해 네가 모르는 것을 발견했다면 그걸 알기 위해 노력하는 것이 지혜란다. 그래서 다음엔 좀 더 발전된 모습으로 성장해 나가는 것이지. 어리석은 사람은 준비에는 게으르면서 결과에 연연해하지만, 지혜로운 사람은 최선을 다해 준비한 후에는 감사함으로 결과를 받아들인단다. 준비하는 과정에서 최선을 다했다면 자신에게 좋은 점수를 줄 수 있는 우리 딸과 아들이 되기를 축복한다.

사랑하는 다니야, 미니야. 시험 앞에서는 담대하고 결과에 대해서는 겸손하자. 그 시험 하나로 너희 인생이 실패한 것도, 그것 하나로 다 이룬 것도 아니거든. 한 번의 과정을 지난 것뿐이란다. 점수에 울고 웃기보다 그 과정을 통해 노력하고 성장했다면 감사하자꾸나. 그렇게 하루하루 성장하다 보면 네 앞의 높게 보이던 벽도 훌쩍 넘을 수 있단다. 너는 열심히 노력했는데 기대한 것처럼 결과가 나오지 않을 수도 있단다. 그럴 때라도 과정을 소중히 여긴다면 결과로 인해 너무 마음 상하지 않을 수가 있지. 왜냐하면 하나님께서 네게 좋은 것을 주시기로 이미 정하셨기 때문이란다. 우리는 당장의 결과를 기대하지만 하나님께서는 가장 좋은 때에 가장 좋은 것을 네게 주실 거야. 하나님을 기대하면서 시험을 통해 힘차게 발돋움할 수 있는 우리 딸 아들이 되기를 축복한다. 사랑해.

.... 엄마의 기도 ....

주님, 저희 자녀들이 시험을 준비할 때 부지런하여 최선을 다하게 하시고, 결과를 감사함으로 받아들이게 하소서. 받은 달란트로 열심히 노력하는 자녀에게 좋은 것으로 응답하시는 하나님을 믿고 힘차게 달려가게 하소서. 그래서 날마다 더욱 성장하는 은혜가 있게 하소서. 예수님의 이름으로 기도드립니다. 아멘.

07

"영어 공부는 왜 해야 하나요?"

세계로 나갈 꿈에는
영어가 빠지지 않는단다

우리 다니가 유엔에서 일하고 싶다고 이야기한 것을 보니 한나 언니를 닮고 싶은 모양이구나. 언니가 이메일을 통해 들려준 소중한 이야기를 마음에 잘 새겨서 언니처럼 꿈을 이루기를 축복한다. 정한나 언니는 네가 아는 것처럼 우리나라 안에서 대학을 졸업한 사람으로는 처음으로 유엔 본부의 정직원이 되었어. 세계 곳곳에서 유엔 직원이 되려고 많은 석사와 박사들이 몰려드는 걸 생각하면 쉬운 일이 아니었을 거야. 사람들이 보기에 어려운 조건과 환경이었음에도 불구하고 하

나님을 믿고 최선을 다해 마침내 꿈을 이루었지. 언니가 들려준 이야기를 들어 볼까?

한나 언니의 첫 번째 충고는 언어에 관한 것이었지? "당연한 말이지만 언어 공부를 열심히 해야 한다"고 말했어. 다른 나라 말을 할 수 있어야 자유롭게 소통하고 일할 수 있기 때문이라고 했지. 영어 공부하기가 힘들지? 그럴 거야. 태어날 때부터 자연스럽게 배운 우리나라 말이 아니기 때문에 배우는 과정이 쉽지는 않단다. 하지만 언어는 그 나라 사람들의 생각과 문화가 담겨 있고, 그 나라 사람들과 소통하기 위해서는 꼭 필요한 도구란다. 너희가 장차 더 넓은 세상에서 공부할 마음이 생기거나 일하고 싶은 기회가 다가왔을 때 언어의 준비가 되어 있지 않다면 어렵지 않겠니? 꿈을 꾸며 언어 공부를 즐겁게 하는 우리 아이들이 되기를 축복한다.

언니가 유엔에서 인턴사원을 마치고 정식직원이 되기까지의 과정이 참 인상적이었어. 특히 '인사를 잘했다'는 고백이 더욱 그랬단다. 만나는 사람마다 친절하게 웃으면서 인사를 했고, 그런 모습을 사람들은 모두 좋아했다고 하지 않니? 모르는 걸 물어 보는 동료에겐 말로만 알려 주는 것이 아니라 필요한 자료를 함께 구하고, 해결할 수 있도록 도와주었다고 했어. 그러면서 직원들은 한나 언니와 함께 일하기를 원하게 되었고, 정식 직원에 지원하라고 추천을 했다지 않니? 그러고 보면 언어와 생김새는 달라도 세계 어디서나 통하는 감동의 언어가 있는 것 같아. 미소가 밝고 친절한 사람, 어려울 때 기꺼이 도와주는 사람은 누구나 좋아하는 모양이야. 모르는 것을 물어보는 사람에게 대답뿐 아니라 해결할 수 있도록 동행해 준 그 행동에 감동이 되는구나. 세상 어떤 말보다 더 힘이 있는 아름다운 행동을 몸으로 배우는 우리 아이들이 되기를 축복한다. 사랑해.

언니가 너처럼 국제기구에서 일하고 싶은 사람들을 위해 어느 신문사와 한 인터뷰에서 이런 말을 한 적이 있단다. "어디서든지 항상 예외는 있으니까 지레 겁먹고 가능성을 꺾지 마세요. 무엇보다 꿈은 절대 포기하면 안 돼요. 그걸 이루시는 분은 하나님이시니까요." 사랑하는 다니야, 미니야. 꿈을 주신 하나님께서 그 꿈을 이루신단다. 하나님을 믿고 세계를 향한 큰 꿈을 꾸는 우리 아이들이 되기를 축복한다. 사랑해.

.... 엄마의 기도 ....

주님, 저희 자녀들이 꿈을 꾸게 하소서. 세계를 향한 큰 꿈을 꾸게 하소서. 저희 자녀들에게 언어의 은사를 주시고, 세계 어디서나 통하는 아름다운 행동을 배우게 하소서. 꿈을 주신 하나님께서 그 꿈을 이루실 줄 믿습니다. 예수님의 이름으로 기도드립니다. 아멘.

....

08

"발표할 때마다 겁나고 무서워요."

사람들 앞에서 떨릴 땐
응원하시는 하나님을 바라보렴

"내일 과학 시간에 제가 탐구보고서를 발표할 순서인데 벌써부터 걱정이 돼요. 여러 사람 앞에서 발표하려고 하면 가슴이 너무 떨리고 말이 자연스럽게 안 나오거든요."

사랑하는 다니야, 그럴 수 있단다. 그리고 너만 그러는 게 아니야. 엄마도 너만 할 땐 손을 들고 무엇인가 발표할 때는 언제나 두려웠어. 발표 순서가 다가오면 손에 땀이 나고 가슴이 떨려서 머릿속이 하얗게 되기도 했어. 그런데 재밌지 않니? 지금 엄마는 여러 아이들 앞에서 가르치는 선생님이 되었으니 말야. 이렇게 해보면 어떨까? 발표를 하기 전에 잠시 눈을 감고 숨을 천천히 그리고 크게 한 번 쉬고서 하나님께 부탁드리는 거야. "담대하게 잘할 수 있도록 도와주세요" 하고 말야. 그럼 분명히 도와주실 거란다. 엄만 말야, 여러 사람들 앞에서 발표할 일이 있을 땐 사람들 사이에 계신 하나님을 바라본단다. 날 응원해 주시는 하나님을 말이지. 그래서인지 나는 무척 떨렸는데 사람들은 그러더구나. 무대 앞에서 어떻게 그렇게 여유가 있냐고 말야. 하나님을 바라보고 담대할 수 있기를 축복한다.

다니야, '모세' 하면 어떤 모습이 떠오르니? 이스라엘 백성들을 애굽에서 이끌어 내고 지팡이로 홍해를 멋지게 가르는 용기 넘치는 모세가 떠오르지 않니? 애굽 왕 바로 앞에 서서 당당하게 말하는 모세를 말야. 그런데 그렇지가 않았단다. 하나님께서 모세에게 그 일을 맡기셨을 때 모세가 한 말이 무엇이었는지 아니? "제가 누구라고 그들에게 가겠습니까? 제가 말을 해도 사람들이 믿지 않을 겁니다. 저는 말을 잘 못하는데 누가 제 말을 듣겠습니까?" 하고 뒷걸음을 쳤단다. 말하자면 모세는 발표에 자신이 없고 말을 잘하지 못하는 사람이었던 거야. 그런데 그런 모세에게 하나님께서 뭐라고 말씀하셨는지 아니? 꾸중을 하셨을까? 화를 내셨을까? 아니면 그 일을 다른 사람에게 맡기셨을까? 아니란다. 하나님께서는 모세를 이미 다 알고 계셨거든. "내가 네게 그 사람들 앞에서 능력을 주어 신처럼 되게 해주겠다"고 하시며 능력을 주셨단다. 그리고 모세의 형 아론이 그를 대신해서 사람들 앞에서 말을 하도록 해주셨지. 다니야, 엄마가 보기에 너는 말에 급하지 않은 대신 생각을 하고 말을 하기 때문에 실수가 적고, 말 대신 글로 마음과 생각을 표현하는 능력이 다른 사람보다 뛰어나 보인단다. 그건 단점이 아니라 장점이지. 그리고 너를 모세처럼 귀하게 사용하실 하나님께서 말 때문에 걸림돌이 되지 않도록 필요한 자리에선 담대함을 주실 거란다. 무슨 말을 해야 할지도 생각나게 해주실 거야. 말을 잘하는 자신을 믿기보다 하나님을 의지하여 크신 능력을 경험하는 우리 딸이 되기를 축복한다. 사랑해.

······· 엄마의 기도 ·······

주님, 저희 자녀가 사람들 앞에서 담대하게 발표하고 조리 있게 말할 수 있도록 도와주세요. 모세와 함께하셔서 담대함과 능력을 주신 것처럼 저희 자녀들을 크게 사용하실 하나님께서 그에 필요한 능력도 부어 주실 줄로 믿습니다. 예수님의 이름으로 기도드립니다. 아멘.

09

"친구가 때릴 땐 같이 때려도 되나요?"

나쁜 주먹보다
하나님의 지키심이 훨씬 강하단다

"미니야, 표정이 왜 그래? 무슨 일이 있었어?"

"재준이랑 싸웠어요."

"이런, 다친 곳은 없어?"

"다치진 않았어요."

"그런데 무슨 일이 있었어?"

"청소 끝나고 오는데 재준이가 자꾸만 땅꼬마라고 놀리잖아요. 그래서 저도 뚱돼지라고 했더니 막 때리는 거예요."

"그랬구나. 재준이가 놀려서 기분이 나빴구나. 화가 날만도 했겠네.

그래서 같이 때렸어?"

"아니요. 근데 차라리 같이 때려줄 걸 그랬나 봐요. 재준이가 먼저 놀린 건데 억울해요."

"억울하게 맞아서 속상했겠구나. 이리 와, 엄마가 안아줄게."

친구가 놀려서 기분 나빴지? 미니의 마음이 전해져 엄마도 가슴이 아프구나. 그런데 재준이가 놀렸을 때 미니가 같이 놀리지 않고 좀 다르게 대했으면 어땠을까 하는 생각이 드는구나. 듣기 싫은 말로 놀리면 네가 기분이 나쁘다는 걸 분명하게 말하도록 해보자꾸나. 친구가 놀린다고 똑같이 놀리면 마음이 풀리고 일이 끝날 것 같지만 결국은 싸움으로 발전하기가 쉽거든. 엄마는 말로 놀리는 것과 주먹으로 때리는 것이 별로 다르지 않다고 본단다. 언뜻 보기엔 주먹으로 때리는 것이 더 나빠 보일 수 있지만, 놀리는 말이나 좋지 않은 말은 마음을 때리는 일이거든. 그러니까 같이 놀리는 것은 서로 마음을 때리는 것과 같은 일이지. 사람들은 종종 상대방의 기분은 생각하지 못하고 장난을 치는 경우가 있거든. 친구가 듣기 싫은 말을 할 때 화가 나도 잠시 참고 먼저 네 기분을 진지하고 단호하게 표현해 보자. 네 기분이 나쁘니까 다시는 놀리지 말라고 말이야.

그래도 재준이의 행동이 달라지지 않고 또 그럴 수가 있단다. 여러 번 이야기했는데도 달라지지 않으면 선생님께 말씀드리고 도움을 요청하는 것도 좋을 것 같아. 선생님께서 친구를 놀리는 것이 얼마나 나쁜 일인지 설명해 주시면 재준이가 그런 행동을 좀 절제할 수 있을 것 같구나. 그렇다고 친구가 때릴 때 그대로 맞고 있으라는 것은 아냐. 엄마는 우리 아들의 소중한 몸이 다치는 것을 원하지 않는단다. 네 몸을 보호할 줄도 알아야 하거든. 혹시 네가 다치거나 위험할 수 있는 상황은 막거나 피하거나 도움을 요청할 줄 알아야 한단다. 이런 일이 네게 일어나지 않기를 엄마는 바라. 싸움이 일어나거나 더 커지지 않도록 우리 아들이 평화를 만드는 사람이 되기를 축복한다. 사랑해.

······················· 엄마의 기도 ·······················

주님, 저희 자녀들이 친구들과 싸우지 않고 자랐으면 좋겠습니다. 남에게서 원치 않는 일을 당할 때 그 상황을 해결할 수 있는 지혜를 주소서. 다툼을 없애고 가는 곳마다 평화를 만드는 주님의 자녀들이 되게 하소서. 무엇보다 사람들 앞에서 은총과 귀중히 여김을 받는 은혜가 있게 하소서. 예수님의 이름으로 기도드립니다. 아멘.

10

"친구들이 저를 따돌려요."

친구가 괴롭힐 땐 엄마에게 말해 주렴. 하나님도 엄마도 네 편이란다

"다니야, 선생님과 엄마에게 얘기하는 용기를 내주어서 고마워. 많이 힘들었지?"

"네. 머리도 아프고, 밥맛도 없고, 학교 가기가 싫었어요. 창피하기도 하고, 선생님께 말씀드렸다가 괜히 고자질했다고 일이 더 안 좋아질까봐 겁도 났었어요. 소민이가 저보고 은정이랑 놀지 말라고 했는데 같이 놀았다고 그럴 줄은 몰랐어요. 다른 친구들한테 저랑 놀지도 말고 말도 걸지 말랬대요."

"그랬구나. 우리 딸이 많이 힘들었겠네. 어른들께 말씀드렸다가 일이 더 복잡해질까봐 걱정했었구나. 다니야, 그건 네 잘못이 아니란다. 그러니까 창피해할 필요는 없어. 친구는 소유하는 것이 아닌데 누구랑 놀지 말라고 하는 건 분명 소민이가 잘못한 일이란다. 그리고 네 힘으로 해결하기 어려운 일에 도움을 요청한 건 잘한 일이란다. 엄마가 너무 늦게 알아준 것 같아 미안하구나. 선생님도 그동안 잘 모르셨던 것 같고."

"청소 시간이나 쉬는 시간에 그랬기 때문에 선생님은 잘 모르셨을 거예요. 엄마한테 처음부터 말씀드리지 않아서 죄송해요. 제 힘으로 어떻게 해보려고 했었거든요."

"그랬구나. 선생님도 금방 알기는 어려우셨을 거야. 그래도 네가 걱정했던 것과는 다르게 지혜롭게 해결해 주셨구나."

"네. 선생님 앞에서 솔직하게 이야기하기를 잘한 것 같아요. 소민이는 제가 그렇게 힘든 줄도 몰랐대요. 그냥 자기 말을 안 들어줘서 화가 나서 그런 거래요. 사과하고 다시 그러지 않기로 약속했어요."

"그랬구나. 공감이나 배려하는 마음이 부족한 사람은 남들에게 상처를 주고 있다는 것조차 모르는 경우가 많단다. 그러니까 그걸 알 수 있도록 네 마음을 표현하는 것도 중요하단다. 어쩌면 본인도 그렇게 모욕을 당한 경험이 있을 수도 있지."

"안 그래도 소민이는 작년에 따돌림을 받았었거든요. 그런데 왜 그랬는지 모르겠어요."

"그렇다면 소민이를 더 긍휼히 여겨 주자꾸나. 자신의 상처 때문에 또 다른 사람에게 상처를 주어서 보상 받고 싶은 거란다. 잘못된 결정이지. 친구들을 억지로 곁에 있도록 해둔다고 진심으로 사랑해 주는 것은 아닌데 말이야. 언제든지 자기도 버림받을 수 있거든. 그 마음이 얼마나 불안하겠니? 소민이를 위해 기도해 주어야 할 것 같구나."

"네. 그동안 많이 힘들기는 했지만 용서해 주기로 했어요. 소민이랑 같이 그랬던 친구들도 소민이 눈 밖에 나면 자기들도 따돌림당할까봐 겁이 났을 거예요."

"우리 다니가 이번 일로 많이 컸구나. 앞으로도 힘든 일이 있으면 엄마에게 말해 주면 고맙겠구나. 엄마가 함께해 줄게. 그리고 하나님은 네 편이란다. 너를 도와주시고, 네 방패와 산성이 되어 주실 거야. 하나님 품안에서 늘 보호받기를 축복한다. 사랑해."

엄마의 기도

주님, 저희 자녀들에게 상처 받을 일이 없었으면 좋겠습니다. 그러나 혹시 힘든 일을 당할지라도 하나님께서 방패와 도피처가 되어 주셔서 상처 받지 않게 하옵소서. 힘들 때는 힘들다고 도움을 요청할 수 있는 용기를 주소서. 언제나 자기편이 되어 주시는 하나님을 신뢰하게 하소서. 예수님의 이름으로 기도드립니다. 아멘.

11

"왜 책을 읽어야 하나요?"

책을 읽으면 지혜를 얻고
생각하는 힘이 커진단다

"아빠, 학교에서 독서신문을 만드는데 '아빠의 한마디'를 적는 곳이 있어요. 독서에 대해 한 말씀해 주세요."

"다니야, 사람이 50살 혹은 70살에 책을 썼다고 하자. 그 사람은 수십 년 혹은 평생을 통해서 깨닫거나 연구한 것을 한 권의 책으로 쓴 거잖아? 그러니 네가 책 한 권을 읽으면 그 사람이 일생을 통해 깨달은 것을 배울 수 있는 거란다."

사람이 모든 걸 살아보고 나서만 "아~ 그렇구나!" 하고 깨닫기엔 인생이 너무 짧단다. 수없이 많은 시행착오가 있기 때문이지. 훌륭한 분들의 이야기를 읽으면 그 인생을 통해 어떻게 살아야 할지 교훈을 얻을 수 있단다. 때론 성공한 이야기뿐 아니라 그분들의 실수나 시행착오를 통해서 지혜를 얻기도 하지. 역사의 흐름을 잘 알면 지금 세상에서 일어나는 일들을 이해할 수 있고, 앞으로 일어날 일을 예측하는 안목이 생기기도 한단다. 문학을 통해 사람들의 다양한 생각이나 사는 모습을 볼 수도 있지. 네가 좋아하는 과학서적을 통해 너도 많은 상식을 얻고 있지 않니? 다양한 독서를 통해 인생의 소중한 교훈과 삶의 지혜를 얻기 바란다.

학년이 올라가면서 점점 공부에 힘이 붙는 사람이 있는가 하면, 처음에는 작은 노력으로도 좋은 결과를 얻지만 갈수록 버거워하는 사람도 있지. 여러 가지 이유가 있겠지만, 그중 한 가지는 독서와 관계가 있단다. 큰 나무가 튼튼한 뿌리를 내리듯 다양한 독서를 통해 많은 상식을 소유한 사람은 공부할 바탕이 잘 되어 있는 사람이란다. 평소 다양한 독서 없이 궁금한 것이나 알고 싶은 것을 문제집에 적힌 정답에만 의존하는 사람과 스스로 책을 찾아 읽고 생각하는 힘이 생긴 사람 중에 누가 더 저력이 있을까? 책을 즐겨 읽는 사람은 당장에는 눈에 보이지 않아도 언젠가는 많은 열매를 맺을 수가 있단다. 책을 가까이

하고 사랑하는 사람이 되어라.

　엄마가 최근에 본 영화 중에 시간을 거슬러 돌아가 다시 사는 내용의 영화가 있었단다. 주인공이 실수를 하면 다시 그 시점으로 돌아가 그 길을 피하기도 하고, 잘못된 선택을 뒤집기도 해. 그 영화처럼 한 번 살아보고 그게 아니다 싶으면 다시 살 수 있다면 얼마나 좋겠니. 하지만 우리는 한 번밖에 살 수 없단다. 다른 사람의 인생을 살아볼 수도 없고 한 번 지나간 길을 거슬러 다시 갈 수도 없지. 책을 통해 너희가 다 경험할 수 없는 많은 인생을 살아보고, 그 가운데 삶의 지혜를 얻어 행복한 선택을 하는 우리 딸 아들이 되기를 축복한다. 사랑해.

엄마의 기도

주님, 저희 자녀들이 책을 가까이하고 즐겨 읽어 그 안에서 많은 인생의 교훈과 지혜를 얻게 하소서. 그리고 무엇보다 책 중의 책인 성경을 가까이하여 지혜 중의 지혜이신 예수님을 더욱 알게 하소서. 예수님의 이름으로 기도합니다. 아멘.

12

"여행 가고 싶어요!"

학교 밖에서 배운 산지식은
인생의 큰 자산이란다

다니가 네 살 때였나 보다. 가족과 함께 동물원에 갔다가 기린을 보는 순간 고개가 점점 올라가고 눈이 커지더니 그 자리에 얼음처럼 서서 한 동안을 보더구나. 책으로 보고 상상했던 기린과는 많이 달랐던 모양이야. 미니의 유모차를 끌고 다음 자리로 이동할 때 따라오는 줄 알았지. 그런데 너는 기린에게서 눈을 떼지 못하고 있었던 모양이야. 하마터면 널 놓고 갈 뻔 했단다. 기린을 책에서 아무리 많이 봤어도 실제로 보니 많이 달랐겠지. 기린을 알고 싶으면 직접 보는 것이 기린을 가장 잘 배우는 방법이란다.

배우고 경험하는 방법은 여러 가지가 있지. 교과서를 통해서도 배우고, 관심이 있거나 더 알고 싶은 것들은 스스로 하는 독서를 통해서도 배울 수 있단다. TV나 영화를 통해서도 배울 수 있고, 다른 사람의 경험을 통해서도 배울 수가 있지. 여행을 다녀 온 사람이 그곳에서 경험한 이야기를 들려주는 것처럼 말야. 하지만 할 수만 있다면 직접 가서 보고, 직접 해보기를 권하고 싶구나. 아직 어리기 때문에 위험하거나 때를 기다려야 할 일도 있지만, 그런 것이 아니라면 많은 것을 경험했으면 좋겠구나. 남의 경험을 통해 듣는 것보다 네가 직접 경험해서 얻은 것이 더 생생하고, 네 삶에 더 영향력이 있고, 오래 가는 법이거든. 무엇보다 긴 설명이 필요 없다는 장점이 있지.

사랑하는 다니야, 미니야. 엄마는 너희가 더 넓은 세상을 경험하고 더 많은 것을 볼 수 있도록 도와주고 싶단다. 세상에 얼마나 다양한 삶의 모습이 있는지 보여 주고 싶고, 그 안에서 무엇을 하며 살아야 할지 스스로 발견하도록 도와주고 싶구나. 가까워도 멀어도 찾아가 배우고, 나가 경험할 수 있었으면 좋겠어. 잘사는 곳에서도 배우고, 못사는 곳에서도 느낄 수 있기를 원한단다. 할 수 있다면 체험과 여행을 많이 하자꾸나. 그 가운데 일정한 부분은 너희 스스로 계획하고 실행해 볼 수 있도록 해줄 거란다. 준비하고 계획하고 세상으로 나가 경험하는 일은 소중하거든. 그러다가 혹시 계획대로 안 되거나 돌발 상황을 만나면 새로운 대안을 찾고 해결 방법을 생각해내는 경험도 할 수 있단다. 낯선 곳에 가서 새로운 경험을 하고, 예상치 못한 상황을 만나 대처해 나가는 체험은 책을 통해서는 얻기 힘든 인생의 큰 자산이란다. 세상은 넓은 학교인 셈이지. 많이 보고 경험할 수 있는 우리 아이들이 되기를 축복한다. 사랑해.

······················· 엄마의 기도 ·······················

주님, 저희 자녀들에게 넓은 세상을 경험할 수 있는 은혜를 주소서. 학교 안에서도 열심히 배우고, 학교 밖에서도 많이 경험하는 은혜를 주소서. 그 안에서 자신을 향한 하나님의 뜻과 계획을 스스로 찾고 발견해 나가게 하소서. 예수님의 이름으로 기도드립니다. 아멘.

13

"주인공이 되고 싶어요."

자기 역할을 잘하는 사람은
주인공보다 더 빛나는 존재란다

"학교 잘 다녀왔니?"

"네~. 엄마 오늘 국어 시간에 역할극을 했는데 무척 재밌었어요."

"그랬어? 무슨 역할극인데?"

"〈플란다스의 개〉였는데요, 극본도 저희가 만들고 배역도 저희가 다 정했어요."

"우와~ 대단하네."

"준영이랑 병창이는 바람인데요, 준영이는 휘파람을 불었고 병창이는 입으로 후~후~ 하고 바람을 만드느라 머리가 어지럽대요. 건우는 시냇물이라서 바닥에 엎드려서 양쪽 손으로 계속 물결을 만들었구요. 승현이가 파트라슈였는데 정말 웃겼어요. 개처럼 혀를 쑥 내밀고 비스듬하게 누워서 엉덩이에 연필을 꽂고 그게 꼬리래요. 그 꼬리를 흔들 때마다 우스워서 배꼽이 빠지는 줄 알았어요."

"와~, 재밌었겠네. 그래, 우리 딸은 무슨 역할을 했니?"

"사실 저두 파트라슈나 네로를 하고 싶었는데 주인공을 하면 너무 떨릴 것 같아서 그냥 햇빛 했어요. 그래서 무대 뒤에서 계속 활짝 웃고 서 있었어요. 대사는 없었지만 그래도 열심히 했어요."

"그랬구나. 우리 딸 자랑스럽네. 비록 주인공이 아니더라도 자기가 맡은 역할에 최선을 다했으니 말야. 엄만 네가 무대 가운데 서 있어도 즐겁고, 배경처럼 눈에 크게 띄지 않아도 그 역할을 즐기는 사람이 되기를 축복한다. 그러고 보니 친구들 모두에게 박수를 보내야겠네. 다 같이 힘을 모아서 멋진 작품을 만들었으니 말야."

사람들은 어쩌면 다 주인공이 되고 싶어 하는지도 모른단다. 어디서든 목소리를 크게 내야 한다고도 하고, 무조건 리더가 되라고 말하기도 하지. 하지만 엄만 너희가 가진 성품대로 자기에게 어울리는 역할을 찾고, 그 자리를 즐거워할 수 있는 지혜와 여유가 있기를 바라. 주인공이 되어 주목을 받거나 때론 큰 소리로 사람들 앞에 서기도 하고, 때론 리더로 사람들의 마음을 모으는 역할도 하겠지. 그때도 지혜를 구하면서 책임감 있게 잘 감당하기를 바란단다. 하지만 네가 속한 그곳에서 누군가 일어나 목소리를 낼 때는 잘 들어도 주고, 리더가 있으면 잘 따라 주기도 하는 멋진 딸이 되기를 기도한다. 그렇게 자기의 역할을 즐기며 열심히 감당하는 사람들이 많은 곳은 행복한 거란다. 행복한 파트라슈, 행복한 나무, 행복한 바람, 행복한 배우와 관객처럼 말야.

엄마의 기도

주님, 저희 자녀들이 살아가는 다양한 무대 위에서 때론 주인공의 자리에도 앉게 하시고, 때론 배경처럼 묵묵히 서 있을 줄도 알게 하소서. 사람의 마음을 움직이는 리더로 설 줄도 알게 하시고, 때론 잘 따라 주는 자리에도 성실하게 하소서. 입을 열어 말하는 지혜도 주시고, 겸손하게 잘 듣게도 하소서. 주님께서 연출하시는 무대라면 어디서든, 어떤 자리에서든 행복하게 하소서. 예수님의 이름으로 기도합니다. 아멘.

14

"좋은 학교에 가고 싶어요."

복의 근원인 너로 인해
학교도 복을 누릴 거란다

우리 다니가 벌써 졸업을 하네. 6년이라는 긴 시간을 보낸 초등학교라 서운함이 크겠구나. 정든 친구들과 이별도 해야 하고 낯선 중학교에 간다는 부담과 두려움도 있겠구나. 내일이 중학교 배정일이라고 했지? 어느 학교에 배정이 되었을까 궁금도 하고 가슴도 떨리겠구나. 좋은 학교에 배정되기를 바라는 네 마음을 안단다. 그런데 다니야, 엄마는 네가 좋은 학교에 배정되기를 바라는 마음보다 네가 가는 그 학교가 좋은 학교라는 자부심을 갖기 바란단다. 하나님께서 너를 복의 근원이라고 하셨고, 복의 근원이 가는 학교니까 그 학교는 복을 받은 거지. 네가 가는 그 학교가 바로 좋은 학교란다.

사랑하는 다니야, 미니야. 너희는 복의 근원이란다. 하나님께서 너희에게 복을 주셨고, 그 복이 너희로부터 흘러 넘쳐 너와 함께하는 사람들에게로 흐르게 하셨단다. 그렇기 때문에 너희가 가는 그곳이 복된 땅이 되는 거란다. 네가 가는 학교가 좋은 학교가 될 것이라고 당당하게 선포하는 우리 딸 아들이 되기를 바란다. 그리고 너희에게서 흘러넘치는 복을 함께하는 친구들과 선생님이 누리고, 너희가 있음으로 인해 그 학교가 점점 더 복된 곳이 되는 은혜가 있기를 축복한다.

복의 근원인 다니야, 미니야. 하나님께서 너희를 통해 부어 주실 복을 생각하면서 환경이나 조건을 탓하지 않았으면 좋겠구나. 어떤 친구 때문에 안 되고, 학교가 안 좋아서, 무엇이 안 갖춰져 있어서 못 하겠다는 불평을 하지 않기를 바란다. 너희를 통해 그 일을 가능하게 하실 하나님을 바라보렴. 복의 근원이라고 말씀하신 하나님께서 너희에게 소원을 주실 때 거기에 필요한 능력이나 환경을 만들어 주시지 않겠니? 메마르고 황폐해 보이는 땅일지라도 너희의 손길이 닿고 발을 내딛는 순간부터 하나님께서 그 땅에 물을 대실 거라고 엄마는 믿는단다. 하나님이 없는 사람들은 자기의 노력과 이미 갖춰진 것만을 바라보겠지만 하나님이 있는 너희에겐 특권이 있단다. 너희를 통해 하나님께서 일하시고, 너희의 필요를 채우실 거야. 뿐만 아니라 너와 함께한 사람들이 너로 인해 복을 누리게 될 테니 자부심을 가져도 좋지 않겠니? 너희가 속한 땅을 향해, 앞으로 밟게 될 땅을 향해 당당하게 선포하자꾸나. "나는 복의 근원이다. 이 땅이 나로 인해 복을 받을 것이다." 사랑해.

.... 엄마의 기도 ....

저희 자녀를 복의 근원으로 삼으신 하나님, 감사합니다. 이 아이들이 만나는 사람과 속한 모든 곳이 그 흘러넘치는 복으로 인해 함께 누리게 하소서. 환경이나 조건을 탓하지 않고 자기를 통해 하나님께서 부어 주실 복을 바라보며 그 땅을 변화시키는 자녀가 되게 하소서. 예수님의 이름으로 기도합니다. 아멘.

....

+ + +

너희를 통해 하나님께서 일하시고, 너희의 필요를 채우실 거야.
뿐만 아니라 너와 함께한 사람들이 너로 인해 복을 누리게 될 테니
자부심을 가져도 좋지 않겠니?

PART 2

건강한 마음을 위한
엄마의 축복

가족은 서로 위로가 되고 서로에게 힘이 되는 거야. 그런데 멀어, 우리가 가진 에너지는 떨어질 때가 있단다. 그래서 우리 가정엔 예수님이 필요한 거야. 마르지 않는 샘수이신 예수님, 다하지 않는 힘을 공급하시는 예수님이 우리 가정에 계시단다. 하나님이 주시는 모든 힘을 가정 안에서 무한 공급받기를 바란다. 친구 같은 가정을 늘 함께 만들며 살자꾸나. 사랑해.

15

"지치고 힘들 땐 어떻게 해요?"

가족은 언제나 네 편이야.
먹고, 쉬고, 평안을 얻으렴

 차를 타고 캘리포니아 대평원을 지나던 때가 생각나는구나. 미국 시민이 먹는 식량의 3분의 1을 생산한다는 그곳은 차를 타고 몇 시간을 달려도 끝이 나지 않았지. 그곳에서 자라는 야채와 과일들 위에서 마치 샤워기처럼 파이프로 물을 주는 장면은 인상적이었단다. 그런데 도대체 그 넓은 땅에서 사용할 물은 어디서부터 끌어오는지 우린 궁금했었지. 알고 보니 그건 네바다 주에 있는 거대한 '후버댐'이었단다. 그곳엔 사막 한가운데 있는 도시라고는 믿기지 않을 만큼 밤이면 화려한 불빛을 뽐내는 라스베이거스가 있지. 그곳에 어마어마한 전력을 공급하는 곳도 후버댐이라고 하더구나. 후버댐은 미국 서부의 젖줄이고 전력 공급원인 셈이지. 후버댐이 없다면 그 넓은 평야도 라스베이거스도 메마르고 불 꺼진 사막이 되어 버리겠지. 가정은 바로 이 댐과 같은 곳이란다.

　세상에서 널 가장 사랑하고 네가 잘되기를 가장 바라는 사람은 바로 가족이란다. 우리 다니, 미니가 건강하게 자랄 수 있도록 먹고 마시는 곳도 우리 집이지. 밤이 되면 돌아와 자고 아침이면 다시 힘을 얻어 일어나는 곳도 집이고, 네 마음이 자라고 있는 곳도 집이란다. 힘이 들면 언제든 돌아와 쉴 수 있는 곳이 집이고, 네게 좋은 걸 다 주고 싶은 사람들이 바로 가족이지. 가족 안에서 몸과 마음이 건강하게 자라고, 집에 들어오면 언제든 새로운 힘과 쉼을 얻는 우리 딸 아들이 되기를 축복한다.

　네가 잘못을 했을 때 엄마가 꾸중을 하면 혹시 사랑하지 않는 걸까 생각이 들 때가 있니? 결코 그렇지 않단다. 네가 잘할 때도 가족은 네 편이지만, 혹시 잘못을 할 때라도 가족은 여전히 네 편이란다. 네가 잘못을 하면 꾸중도 하고 훈계도 하지. 남의 자식이 잘못을 한다고 다 데려다가 훈계를 하지는 않는단다. 그건 부모의 몫이거든. 하지만 그때도 여전히 너를 사랑하는 마음엔 변함이 없단다. 혹시 네게 어떤 허물이 있다면 가족이 그 흉을 소리 내어 떠들고 다니지 않는 것은 너를 사랑하기 때문이란다. 덮어 주고 싶고, 감싸 주고 싶기 때문이지. 가족은 세상 끝까지 네 편이야. 이 사실을 언제나 기억하길 바란다.

그런데 아빠 엄마도 가끔 마음이 메마르고 힘이 들 때가 있어. 그럴 땐 누가 힘이 되어 주는지 아니? 바로 너희란다. 우리 다니랑 미니가 있어서 아빠 엄마는 살 힘이 나지. 가족은 서로 위로가 되고 서로에게 힘이 되는 거야. 그런데 말야, 우리가 가진 에너지는 떨어질 때가 있단다. 그래서 우리 가정엔 예수님이 필요한 거야. 마르지 않는 생수이신 예수님, 다하지 않는 힘을 공급하시는 예수님이 우리 가정에 계시단다. 하나님이 주시는 모든 힘을 가정 안에서 무한 공급받기를 바란다. 천국 같은 가정을 늘 함께 만들며 살자꾸나. 사랑해.

················· 엄마의 기도 ·················

주님, 주님이 계셔서 천국 같은 가정을 이루며 살게 하시니 감사합니다. 그 안에서 저희 자녀들의 몸과 마음과 영혼이 건강하게 자라게 하소서. 그리고 언제든 돌아와 쉴 수 있는 평안한 안식처가 되게 하소서. 예수님의 이름으로 기도드립니다. 아멘.

16

"누나 돈가스가 더 커 보여요."

비교가 아닌 감사함으로 얻는
행복을 누리렴

오늘 저녁 맛있었니? 돈가스 사랑 다니, 미니. 바삭한 돈가스에 소스를 콕 찍어 먹을 때 너희들 표정을 보면 엄마는 안 먹어도 배가 부르단다. 그런데 오늘 미니가 한 말이 자꾸 생각이 나네. 돈가스를 보는 순간 미니가 "와~! 돈가스다" 하더니 바로 누나 걸 보고는 자기 것이 작다고 불평을 하더구나. 엄마가 보기엔 비슷했는데 말이야. 그래서 우리 속담에 "남의 떡이 더 커 보인다"고 했나 보다. 우리는 비교하는 일에 너무 익숙해져 있다는 생각이 들어. 누구 것이 더 큰지, 누가 더 잘하는지, 누가 더 예쁜지, 누가 더 많이 가지고 있는지에 관심이 많거든.

이 '비교'라는 것이 생각 속에 들어오면 만족이 불평으로, 행복이 불행으로 바뀌기 시작한단다. 내 돈가스를 보고 '와~' 하며 좋아하다가 누나의 돈가스에 눈이 가는 순간 '에이~' 하며 불평을 하게 되는 것처럼 말이야. 처음 생긴 휴대폰이라고 폴짝폴짝 뛰면서 좋아하다가 친구의 최신형 핸드폰을 보는 순간 내 것이 초라해 보인다면 그 행복은 너무 짧고 불안하지 않겠니? 물론 비교를 통해 기분이 더 좋아지기도 한단다. 친구보다 시험을 잘 보면 기분이 좋고, 친구가 가지지 못한 장난감을 얻으면 뿌듯해지기도 하지. 하지만 비교를 통해서 얻은 행복은 오래 가지 못한단다. 왜냐하면 나보다 많이 가진 사람, 더 잘하는 사람을 보면 금방 행복이 불행으로 바뀔 테니까 말이지.

사랑하는 다니야, 미니야. 지금 너희가 가진 것에 감사하는 사람이 되어라. 예수님께서 '모든 것에 감사하라'고 하셨을 때는 그게 저절로 되는 일이 아니기 때문일 거야. 우리는 너무 쉽게 비교하고 불평하거든. 사람들은 나보다 나은 사람과 비교해서 부족한 걸 깨달아야 더 큰 목표를 이룰 거라고 생각하기도 해. 하지만 그렇게 해서 좀 더 큰 걸 얻었더라도 그 행복이 얼마 동안이나 갈까? 남의 것과 비교하는 순간 사라질 행복이라면 그건 참된 행복이 아니란다. 지금 가진 것을 감사히 여기면서 그것을 즐거워하는 사람에겐 하나님께서 더 큰 것으로 채워 주신단다. 왜냐하면 그 모습이 보기에 좋으시거든. 엄마가 해준 음식을 맛있게 먹고 행복해하는 걸 보면 자꾸자꾸 더 해주고 싶은 것처럼 말야. 그런데 세상 그 무엇과 비교해도 결코 불행해지지 않는 비결이 있단다. 바로 예수님이야. 예수님이 내 안에 계시면 좀 적게 가져도 부족함을 느끼지 않고 좀 많이 가져도 그것 때문에 교만해지지 않는단다. 너희 안에 예수님의 사랑이 가득해서 무엇과 비교해도 빼앗기지 않는 만족과 행복을 누리며 살기를 엄마는 축복한다. 사랑해.

엄마의 기도

저희에게 자녀를 주신 주님, 감사합니다. 저희 자녀들이 남과 자기를 비교해서 불평하거나 불행하다고 여기지 않게 하시고, 지금 가진 것에 만족하며 즐거워하게 하소서. 주신 것에 감사하면 더 큰 것을 주실 줄 믿습니다. 그러나 세상 무엇보다 예수님을 가진 것에 감사하여 변하지 않는 만족과 행복을 누리게 하옵소서. 예수님의 이름으로 기도드립니다. 아멘.

17

"엄마, 성매매가 뭐예요?"

예수님처럼 보고 들으면 무서운 세상도 소망이 있단다

애들아, 그거 아니? 우리의 귀는 일정한 영역의 소리만 듣게 되어 있단다. 주변에 많은 소리가 있어도 다 들리는 건 아니라는 얘기지. 감사하지 않니? 바퀴벌레 기어가는 소리도 들리고, 멀리서 날 흉보는 소리까지 다 듣는다고 생각을 해봐. 별로 즐거운 상상은 아니지? 우리의 눈이 현미경처럼 미세한 것들까지 다 볼 수 있다면 어떨까? 그때부턴 아마 손가락으로 과자를 먹지 못할 수도 있을 거야. 전에 보이지 않던 세균들이 다 보이기 때문이지. 그러고 보면 다 들리지 않고, 다 보이지도 않고, 적당히 보고 들을 수 있는 것도 감사한 일이지 않니?

어쩌다 뉴스를 하는 시간에 너희가 같이 있으면 엄마는 민망할 때가 참 많단다. "엄마, 투신자살이 뭐예요? 성매매가 뭐예요?" 하고 물어볼 땐 마땅히 설명해 주기도 어렵고, 또 그걸 알게 된다는 것도 마음이 아프구나. 너희가 커 가면서 과연 세상을 어떻게 알아갈까 생각하면 가끔 가슴이 답답해진단다. 굳이 눈을 크게 뜨지 않아도 얼마나 자극적인 것들이 많이 보이고 시선을 끄는지, 굳이 들으려 하지 않아도 얼마나 끔찍한 사건들이 들려오는지 말야. 공기를 깨끗하게 걸러 주는 공기청정기도 있고, 깨끗한 물을 마시게 해주는 정수기도 있지만 세상의 험한 이야기들은 무언가 걸러 주는 것도 없이 텔레비전이나 컴퓨터를 통해 여과 없이 들려올 때가 많아서 안타깝구나.

사랑하는 다니야, 미니야. 엄만 너희가 예수님의 눈으로 세상을 보고 그의 마음으로 세상의 소리를 들었으면 좋겠구나. 먼저는, 너희 맘에 계신 예수님께서 멀리하라고 하신 것들엔 눈과 귀를 멀리할 수 있기를 기도한다. 그리고 여러 가지 매체를 통해 여과 없이 소식을 듣다 보면 세상엔 믿을 사람도 없고, 맘 편히 다닐 수도 없고, 온통 절망적인 이야기들로 가득해서 소망이 없는 것처럼 보일 수도 있어. 세상엔 그런 면이 있는 게 사실이란다. 그래서 우리에겐 예수님이 필요하지. 언뜻 보기엔 어둠이 세상을 지배하는 것처럼 보이지만, 보는 눈이 있는 사람은 그 어둠을 밝히고 병든 곳과 썩어가는 곳을 치료하시고 회복시키시는 빛되신 예수님이 계시다는 걸 볼 수가 있단다. 예수님이 일하시는 걸 볼 수 있는 사람은 아직도 세상에 소망이 많다는 걸 발견할 수가 있지. 사람을 살리는 밝고 아름다운 이야기, 함께 보고 들으면 기쁨이 커지는 이야기, 서로에게 힘을 주는 소망의 이야기를 찾아 사람들과 나눌 수 있는 우리 딸 아들이 되기를 축복한다. 사랑해.

················ 엄마의 기도 ················

세상의 빛이신 주님. 저희 자녀들이 예수님의 눈으로 세상을 바라보고, 예수님의 마음으로 세상을 배워가는 은혜가 있게 하옵소서. 세상에서 일어나는 일들과 보고 듣는 모든 것들에 대해 예수님께서 필터가 되어 주시고, 예수님과 함께 일하며 세상의 빛과 소금으로 사는 저희 자녀가 되게 하옵소서. 예수님의 이름으로 기도합니다. 아멘.

18

"내가 그린 그림이 마음에 안 들어요."

마음을 다해 공부했으면
결과에 만족하고 즐거워하렴

"장래 희망 그리기 대회는 잘 했니?"

"네. 저는 축구선수가 된 장면을 그렸어요. 멋지게 슛~ 골인을 하고 관중들이 박수를 막 쳐주는 모습을 그렸는데, 상 받았으면 좋겠어요."

"잘했네. 애썼구나."

"엄마, 근데 저랑 같은 모둠인 민호는 이상해요. 화가가 된 모습을 그렸는데요, 제가 보기엔 진짜 화가처럼 잘 그렸거든요. 근데 자기 맘에 안 든다고 계속 인상을 찌푸리고 있는 거예요. 색칠도 잘하고 애들이 다 잘 그렸다고 그러는데 자기 맘엔 안 든대요."

"그래? 자기 생각대로 잘 안 되었던 모양이구나."

"그런데 현진이는요, 바탕을 못 칠해서 상은 못 받겠다고 하면서도 싱글벙글이에요. 모델이 된 자기 모습이 멋있게 잘 그려졌다고 좋대요."

애들아, 엄만 너희들이 자기 그림을 그려 놓고 그것으로 인해 행복을 누리는 사람이 되었으면 좋겠어. 그림 전체가 완벽해 보이지는 않아도 마음을 담아 열심히 그렸다면 스스로에게 좋은 점수를 주고, 만족하며 웃을 수 있는 사람이 되기를 축복한다. 민호는 마치 99점짜리 시험지를 받아 들고서 못 받은 1점 때문에 힘들어하는 사람처럼 보이는구나. 그리고 현진이는 그보다 낮은 점수를 받았지만 열심히 노력해서 얻은 결과를 즐거워할 줄 아는 사람처럼 느껴진단다. 자기가 할 일을 열심히 하고서 그 결과를 감사함으로 받아들이는 우리 딸 아들이 되기를 축복한다.

결과에 만족하면 발전이 없지 않을까 하고 생각할 수도 있을 거야. 하지만 늘 이루지 못한 것을 안타까워하며 더 좋은 결과만 바란다면 더 큰 것을 얻는다 해도 여전히 행복하지 않을 것 같구나. 왜냐하면 마음은 여전히 부족한 부분에만 가 있을 테니까 말이야. 지금도 만족과 감사를 누리고, 앞으로 더 좋은 결과를 받을 때마다 즐거움도 더해지는 행복한 우리 딸 아들이 되거라.

사랑하는 다니, 미니야. 새로 시작되는 하루는 새롭게 펼쳐진 도화지 같은 거란다. 그 하얀 공간을 바라보며 또 다시 채워야 할 숙제로 보기보다는 그 안에 지금 그리고 있는 내 그림을 즐거워하며 웃을 수 있는 행복한 사람이 되어라. 엄만 너희들이 오늘도 내일도 매일 행복하기를 원한단다. 사랑해.

······················ 엄마의 기도 ······················

주님, 저희 아이들이 자기의 일을 열심히 하고, 그 결과를 감사함으로 받고, 만족하며 살게 하소서. 큰 걸 얻었을 때만 기뻐하는 안타까움이 없게 하시고, 지금도 만족을 누리고 더 좋은 걸 주실 때에 그만큼 더한 행복도 누리게 하소서. 저희 아이들의 일상이 늘 행복하게 하소서. 예수님의 이름으로 기도합니다. 아멘.

··

19

"엄마처럼 빨리 잠드는 비결이 뭐예요?"

오늘은 예수님께 걱정을 맡기고
단잠 자기를 축복해

낮에 미니가 딱지를 접으면서 뜬금없이 "엄마, 엄마처럼 그렇게 빨리 잠드는 비결 좀 가르쳐 주세요" 하고 물었잖니? 엄마가 잠이 좀 많긴 하지만 한참 일하고 있는데 갑자기 물어보니까 당황을 했단다. 장난인 줄 알고 '미인은 원래 잠꾸러기'라고 대답하긴 했지만, 무엇 때문인지 우리 미니가 요즘 잠들기가 좀 어렵다는 말이 생각나서 마음에 걸리는구나.

사랑하는 다니야, 미니야. 하나님께서는 자신이 사랑하는 자에게 단잠을 주신다고 하셨단다. 평생 잠을 잘 자고, 잘 때마다 단잠 자기를 축복한다. 잠을 잘 자고 나면 몸도 마음도 회복이 되고 다시 충전되어서 하루를 살 수 있는 힘이 생기거든. 미니가 잠을 뒤척인 이유가 무엇이었을까? 혹시 몸이 어딘가 불편하거나 아프면 잠을 쉽게 잘 수 없지. 사랑하는 우리 딸 아들이 아프지 않고 건강해서 밤마다 잘 자는 은혜가 있기를 기도할게. 또 그날 친구와 다투었거나 가족 사이에 삐친 일이 있어도 밤에 편히 누울 수가 없는 거란다. 아직 해결하지 못한 그날의 숙제처럼 말이야. 하나님께서는 그날 다툼이 있었다면 해가 지기 전에 화해하기를 원하신단다. 그건 상대방을 위한 것이기도 하지만 너희가 잠을 잘 자기를 원하시는 하나님의 사랑이기도 하단다. 삐친 일이 있다면 해가 지기 전에 풀어야 평안히 잘 수 있는 거야.

어떤 일을 할 때 너희 힘과 노력으로만 이루려고 하면 몸도 마음도 많이 피곤하고 그 결과를 근심하느라 잠을 이룰 수 없기도 하단다. 그런데 하나님을 의지하고 그의 지혜를 구하면서 일한 사람은 힘도 적게 들고, 그 결과도 하나님께서 이루신다는 걸 알기 때문에 그에게 맡기고 단잠을 잘 수가 있는 거야. 하나님을 의지하고 단잠을 자는 우리 딸 아들이 되기를 축복한다. 잠은 어떤 영양제나 피로회복제보다 우리 몸에 좋은 치료제란다. 짧은 시간이라도 깊은 단잠을 자고 나면 몸과 마음이 회복되거든. 하지만 긴 시간을 누워 있었다 해도 이런저런 일 때문에 뒤척이다 일어나면 눕지 않은 것보다 몸은 더 무겁고 힘든 걸 느끼지. 잠을 자는 동안 하나님께서 너희 몸의 피로를 풀어 주시고, 힘든 일이 있었다면 맘을 어루만지셔서 건강한 아침을 맞이하게 하실 거란다. 그런 하나님께 마음의 피로까지 맡겨 보지 않겠니? 몸과 마음이 지친 밤에는 커 보이던 문제도 잠을 자고 나면 가볍고 작은 것이 되어 있기도 하지. 날카롭고 예민하던 사람이 잘 자고 나면 온유하고 여유로워질 수 있는 건 하나님께서 밤새 마음을 어루만지셨기 때문이란다. 단잠을 자는 우리 딸 아들이 되어라. 사랑해.

.... 엄마의 기도 ....

주님, 저희 자녀들이 단잠을 자게 하소서. 하나님을 의지함으로 평안히 자는 은혜가 있게 하시고, 혹시 풀어야 할 관계가 있다면 풀고 자게 하소서. 잠을 자는 동안 하나님께서 그 몸과 마음을 회복시켜 주셔서 아침마다 새 힘을 얻고 일어나는 건강한 자녀들이 되게 하소서. 예수님의 이름으로 기도드립니다. 아멘.

....

20

"없는 게 너무 많아요."

부족하고 모자라거든
세상에 하나뿐인 것을 창조해 보렴

　아빠가 공부하느라 미국에서 함께 지낸 1년은 부족함을 통해 배움을 얻은 소중한 시간이었던 것 같아. 그곳에서 지내는 동안 우리 집엔 없는 것이 참 많았지. 1년짜리 짐을 싸면서 살림도구는 꼭 필요한 것만 가져갔고 너희들 장난감은 거의 가져가질 못했지. 그곳에 짐을 푼 지 얼마 후에 동네 친구 은비랑 셋이 모여 도란도란 무언가를 열심히 만들더구나. 이삼 일이 지난 후였나? 엄마는 너희들이 만든 걸 보고는 깜짝 놀랐단다. 한국에서 재밌게 가지고 놀던 보드게임이 필요한데 그곳엔 없으니까 너희 셋이서 그걸 만들었더구나. 안 쓰는 카드들을 모아 색종

이로 붙여서 푯말을 만들고 딱딱한 종이로 판을 만들어 멋진 보드게임을 완성한 걸 보고 엄만 감탄했단다. 문방구에서 파는 것보다 더 훌륭하고 멋진 '너희들만의 작품'이었거든. 엄만 그때 깨달았단다. 부족함과 모자람이 있는 곳에서는 창조적인 능력이 생긴다는 걸 말이야.

엄마는 우리 가정에 적당한 풍요와 적절한 가난함을 주신 하나님께 감사한단다. 모든 것이 풍족하고 다 갖춰져 있으면 좋을 것 같지만 오히려 배우기 힘든 것들이 있단다. 부족한 것이 있으면 그걸 얻기 위해 노력할 줄 알고, 새로운 방법으로 대처하는 지혜도 배우게 되거든. 물질이 부족하면 규모에 맞게 관리하고 절제하는 것을 배울 수가 있지. 모든 것이 잘 갖춰진 환경에만 적응된 사람은 조금만 상황이 달라져도 당황하며 쉽게 좌절하기도 한단다. 〈정글의 법칙〉이라는 텔레비전 프로그램을 보면 생존을 위해 적응하고 환경을 극복해 나가는 출연자들을 볼 수 있지 않니? 모든 시설과 도구가 갖춰진 집에서 생활하다가 정글에 가면 모든 걸 다 만들어내고 다른 방법으로 해결해야 하거든. 그런 삶의 자세가 필요하다고 엄마는 생각한단다. 부족한 환경 속에서 불평하거나 좌절하지 않고 창조와 개척의 기회로 삼는 우리 강한 딸 아들이 되기를 축복한다.

부족하고 가난하고 모자란 환경을 불평하고 탓하느라 시간을 허비하는 사람도 있단다. 누구 때문에, 무엇 때문에 하고 싶은 걸 못 한다고 투정 부리는 것이지. 애들아, 하나님께서는 구하고, 찾고, 두드리라고 하셨단다. 앉아서 투정하는 사람이 되지 말고 공급하시는 하나님을 믿고 구하자. 하나님께서 길과 방법을 보여 주시고 인도하실 거란다. 엄마 아빠가 너희들에게 줄 수 있는 것이 얼마나 될까? 그리 많지 않단다. 다만 하나님을 믿는 믿음과 세상을 향한 이런 적극적인 열정이 너희 안에 있다면 얼마든지 취하고 누릴 수 있다는 확신이 있어. 얼마든지 꿈꾸고 얼마든지 구하여 풍성하게 누리며 사는 멋진 사람이 되거라. 사랑해.

························· 엄마의 기도 ·························

저희 자녀에게 적당한 풍요와 적절한 가난함을 주신 하나님, 감사합니다. 주어진 것이 부족하다고 불평하거나 주저앉지 않게 하시고, 창조와 개척의 기회로 삼게 하소서. 얼마든지 주시는 하나님께 구하고, 찾으며, 취하고, 누리는 열정이 있게 하소서. 예수님의 이름으로 기도드립니다. 아멘.

21

"오해를 받아서 속상해요."

억울하니?
예수님과 함께 당당하게 견디렴

시카고를 여행할 때 멋진 집들이 모여 있는 곳엘 갔었단다. 유명한 건축가들이 디자인한 집들이었는데, 1900년대 초반에 지어졌으니까 100년쯤 되었는데도 여전히 아름답더구나. 멋진 정원과 집집마다 지닌 독특한 지붕과 건물 모양, 그리고 아름다운 색채에 엄만 반했었단다. 도대체 저 안에 사는 사람들은 어떤 사람들일까 부러워하는데 한 아주머니가 나오시는 거야. 엄마가 "이런 집에 살아서 행복하겠다"고 했더니, 자기 집은 113년이 되었는데 수리하고 유지하는 일이 끔찍하다고 하더구나. 의외의 대답이었단다. 그러고 나서 보니 그 마을을 걸어 다니는 동안 유난히 공사 중인 집들이 많더구나. 겉으로 보아서는 멋지고 아름다운데 그 안은 너무도 낡아서 보수하는 일이 끊이지 않았던 것이지.

엄마는 그때 깨달은 것이 참 많단다. 겉보기엔 화려하고 아름다운데 안으로는 아무도 모르게 병든 사람들이 참 많거든. 어쩌면 화려할수록 계속 그렇게 보이기 위해 더 초조하고, 그 모습을 유지하기 위해 안으론 더 힘든 시간을 보내는 사람들 말야. 사람은 눈에 보이는 겉사람과 보이지 않는 속사람을 가지고 있단다. 대개 겉으로 보이는 모습만 보고 평가를 하지만 보이지 않는 그 사람의 진짜 모습은 쉽게 알 수가 없지. 학식이나, 돈이나, 외모로는 남들이 다 부러워하는데 안으로는 마음이 텅 비어 외롭고 우울한 사람도 있단다. 반면에 사람들 보기에는 힘들고 어렵겠다 싶은데 표정에서 기쁨과 밝음이 묻어나는 사람도 있지. 속사람은 예수님이 채워 주시는 거란다. 다른 무엇으로 채우려고 애쓰기도 하지만 예수님을 만나기까지 진정한 만족과 평안은 없지. 너희 속사람이 예수님으로 꽉 차고 강건하기를 축복한다.

집주인이 자기 혼자의 힘으로는 그 큰 집을 다 수리할 수 없듯이 네 마음을 너 혼자 지킬 수는 없단다. 세상은 아름답고 좋은 일만 있는 게 아니거든. 안타깝지만 힘들고 화나는 일도 많이 있단다. 엄마는 너희에게 좋은 일만 있기를 원하지만 때론 오해를 받거나 비인격적인 대우를 받을 수도 있다는 걸 말해 주고 싶구나. 그럴 때 그걸 무조건 피해서 움츠리거나 그것에 상처 받지 않기를 바란다. 예수님을 의지해서 이겨내고 단단한 사람으로 자라기를 기도할게. 예수님도 오해를 받으셨고, 사람들의 무시와 배신을 당하셨거든. 죄도 없으신데 죄인 취급을 받으셨지. 너희도 가끔은 오해를 받을 수 있다는 것과 네가 잘 해도 부당한 대우를 받을 수 있다는 것을 인정하자. 그래서 화가 날 수도 있겠지만 예수님을 생각하며 그럴 수 있다는 걸 인정하고 용서하자꾸나. 예수님이 네 안에 계시면 너는 세상이 감당하지 못하는 강건한 사람이 될 수 있단다. 겉사람도 속사람도 건강하고 멋진 사람이 되어라. 사랑하고 축복해.

············· 엄마의 기도 ·············

주님, 저희 자녀 안에 늘 계셔서 그 속사람을 강건하게 하옵소서. 때론 오해와 무시와 비인격적인 대우를 받을 수도 있는 세상이지만 그로 인해 마음이 상하지 않게 하소서. 주님을 생각하며 용서하고 사랑하여 세상이 감당치 못하는 강건한 사람으로 자라게 하소서. 예수님의 이름으로 기도드립니다. 아멘.

22

"걱정거리가 생겼어요."

염려는 예수님께 맡기고
네 일에 최선을 다하렴

미니야, 어제는 그냥 한 번 웃고 지나갔는데 생각해 보니 우리 미니가 가끔 지나치게 걱정을 하는 것 같아 엄마가 이야기를 좀 해주고 싶구나. 아빠가 운전을 하다가 길을 잘못 들어섰지. "너무 많이 왔나 보다. 아까 거기서 들어갔어야 했는데…." "다음에서 유턴을 해야 하나?" 하며 엄마랑 아빠가 이야기를 나누는데 뒷좌석에서 신나게 놀던 네가 갑자기 울먹거리면서 "아빠, 그럼 우리 집에 못 가요? 그럼 어떡해요?" 했었지. 아빠가 다 알아서 한다고 하는데도 여전히 걱정스러운 표정을 짓는 네 모습에 엄마 아빠 우습기도 하고 당황스럽기도 했단다. 왜냐하면 운전대는 아빠가 잡고 있고 길을 잠시 잘못 들어선 것은 그리 큰일이 아닌데 마치 네가 큰 일이라도 난 것처럼 걱정하고 있었기 때문이야.

사랑하는 다니야, 미니야. 길을 잘못 들어서듯 생각지 못한 일이나 예상치 못했던 상황이 너희를 당황하게 할 수도 있단다. 하지만 그 일로 인해 염려하지 않아도 되는 것은 여전히 아빠가 운전대를 잡고 있기 때문이야. 네가 지금 운전에 대한 염려를 하거나 집안 살림 걱정을 하지 않아도 되는 이유는 아빠 엄마가 있기 때문이지. 그것처럼 너희에겐 걱정과 염려를 대신 져 주시는 예수님이 계시단다. 네 마음의 걱정과 염려를 예수님께 다 말씀드리고 도와주시기를 기도하면 예수님이 좋은 길로 인도해 주실 거야. 그것은 예수님을 믿는 사람이 누리는 특권이란다.

그런데 이건 자기 일에 무책임한 것을 의미하지는 않는단다. 가령 시험을 앞두고 있는데 아무 노력도 하지 않으면서 좋은 결과만 달라고 하면 될까? 그렇지 않지. 걱정되는 마음을 기도로 말씀드리면 예수님께서 공부할 체력과 집중력, 그리고 거기에 필요한 암기력이나 이해력을 더해 주시리라 믿는다. 그렇게 열심히 애쓰고 나서 나오는 결과에 대해선 감사함으로 받아들이도록 하자. 너희가 예수님을 의지하면 예수님은 결코 너희를 실망시키지 않으신단다. 근심 걱정이 없는 사람은 아마 없을 거야. 마치 날마다 새로운 걱정거리들이 너희를 기다리고 있는 것 같을 수도 있어. 그럴 때 그 걱정에 너희 생각을 맡기면 그 걱정은 점점 커져 감당하기가 더 어려워진단다. 예수님께 마음을 맡기도록 하자. 염려 대신 그가 주시는 힘을 얻는다면 그때마다 높은 벽을 뛰어넘고 세상을 향해 힘차게 달려갈 수 있을 거란다. 예수님과 함께 멋진 점프를 하는 우리 딸 아들이 되기를 축복한다. 사랑해.

.... 엄마의 기도 ....

평강을 주시는 주님, 저희 자녀들이 근심과 염려가 생길 때마다 자기의 생각을 의지하지 않고 예수님 앞에 나가 기도로 그 걱정을 맡기게 하소서. 새로운 일을 만날 때는 예수님과 함께 힘찬 도약을 하게 하시고, 장래 일은 예수님께 맡기고 평안을 누리게 하옵소서. 예수님의 이름으로 기도합니다. 아멘.

....

23

"짜증 내는 친구랑 놀기 싫어요."

친구의 장점을 보고 칭찬해 주는 '해피바이러스'가 되거라

빗줄기가 시원하게 내린 후라 그런지 마음까지 개운해지네. 엄마는 물이 고인 곳마다 피해 가는데 너희는 일부러 찾아다니는구나. 장화를 신고 참방참방 노는 모습이 무척 즐거워 보여. 가만히 보면 눈이 올 때도 그런 것 같아. 어른들은 눈이 내리면 걱정이 먼저 되거든. 찻길이 미끄러워지면 어떻게 하나 싶고, 또 따뜻해서 녹기 시작하면 질척거려서 불편하겠다는 생각에 반갑지가 않지. 너희는 눈이 오는 날이면 눈사람도 만들고 눈싸움도 하고 미끄럼도 탈 생각에 마음이 들뜨지? 너희 안에는 좋은 걸 먼저 보는 눈과 밝은 마음이 있는 것 같아. 어른이

되어도 그 밝은 눈과 마음을 잃지 않기를 축복한다.

　사랑하는 다니야, 미니야. 어떤 일을 만날 때 그것이 가진 좋은 점을 먼저 볼 줄 아는 우리 딸 아들이 되기를 바란다. 그런 사람의 표정은 밝거든. 반면에 어떤 상황을 볼 때 불편하고 안 좋은 것부터 보는 사람은 짜증이 많고 표정이 어둡지. 표정이 밝은 사람은 바라보는 사람도 행복하게 만들지만, 짜증을 많이 내는 사람은 함께하는 사람의 힘마저 빠지게 한단다. 그런 사람은 무슨 일이든지 일단 불평부터 하면서 그걸 할 수 없는 이유를 찾는단다. 반면에 밝은 생각을 가진 사람은 재밌겠다, 해보고 싶다는 생각을 먼저 하지. 매일 반복되는 일상적인 일도 이런 사람에게는 매일 불평거리가 될 수 있지만, 밝은 사람에게는 날마다 새로운 즐거움이 되는 것이란다. 그런 사람은 날마다 마음이 천국이겠지. 마음과 표정이 밝은 사람이 되렴.

　이건 친구를 바라볼 때도 마찬가지란다. 사람은 모두 다 장점과 단점을 가지고 있거든. 무엇이든 다 잘하는 것 같아도 잘못할 때가 있고 약한 점이 있지. 반대로 문제가 많아 보이는 친구라도 가만히 보면 좋은 장점이 있단다. 친구에게서 단점을 찾자면 얼마나 많이 있겠니? 그렇게 자꾸만 남의 단점을 들추어내고 말하는 사람은 친해지기가 싫겠지? 가령 친구가 모범상을 받는다고 해도 모든 걸 다 잘해서 받는 게 아니라는 걸 잘 알거야. 그 친구가 잘하는 점을 드러내어 칭찬해 주고 상을 주는 것이지. 친구를 바라볼 때 좋은 점을 발견해 주는 보배로운 눈이 너희에게 있기를, 그리고 그것을 말해 주는 넉넉함이 있기를 축복한다. 너희가 친구의 좋은 점을 들어 높은 곳에 세워 주면 하나님께서도 너희를 존귀하게 높여 주실 거란다. 사랑해.

·············· 엄마의 기도 ··············

주님, 저희 자녀들이 사람이나 상황을 볼 때 밝고 좋은 점을 먼저 보는 은혜가 있게 하소서. 그래서 매일의 일상도 날마다 즐거운 일이 되게 하옵소서. 표정이 늘 밝아 함께하는 사람들에게도 행복을 주는 해피바이러스가 되게 하옵소서. 예수님의 이름으로 기도드립니다. 아멘.

24

"엄마, 사고가 너무 많아요."

오늘도 하나님 품안에서
안전하기를 기도할게

"엄마, 도둑은 우리가 살아 있는 동안 항상 있어요?"
"그렇겠지?"
"내 아들이랑 딸이 살아갈 세상엔 도둑이 없었으면 좋겠다."
"우리 미니가 요즘 따라 뉴스를 보면서 부쩍 질문이 많아지는구나. 자동차는 태풍에 이기냐는 둥, 우리 집은 태풍에 안전하냐는 둥, 지진이 일어나면 우리나라도 안전지대가 아니라는 둥, 마치 세상에서 가장 안전한 곳을 찾고 있는 것 같아 보여."

사랑하는 다니야, 미니야. 너희가 보고 듣는 것처럼 세상엔 전쟁과 재난의 소식이 끊임없단다. 세상에 안전한 곳이 과연 있을까 싶을 정도로 예상치 못한 장소에서 생각지도 못한 일이 벌어지기도 하지. 얘들아, 어떤 곳이라서 안전하고, 어떤 곳이라서 평안할 수 있는 게 아니라 하나님께서 함께하시는 그곳이 가장 안전한 곳이란다. 사람이 보기에 견고해 보이는 성이라도 하나님께서 안전과 생명을 지키지 않으시면 소용이 없지. 하지만 소동이 끊이지 않는 곳이라도 하나님께서 함께하시는 곳엔 평안이 있는 거란다. 하나님께서 너희와 항상 함께하셔서 생명과 안전을 지켜 주시고, 평안함 주시기를 축복한다.

이렇게 험하고 두려운 일이 많은 세상에서 엄마는 너희를 언제 어디서나 늘 지켜 주고 싶어. 하지만 엄마에겐 그럴 능력이 없단다. 그래서 하나님께 부탁을 드리지. 너희가 가는 곳 어디든 하나님께서 천사를 보내어 보호해 주시기를 말야. 여러 모양의 위험이나 재난이나 질병이나 사고나 그에 대한 불안과 두려움까지 너희 몸과 마음을 지켜 주시기를 기도한단다. 하나님의 품안에서 안전히 거하는 우리 딸 아들이 되어라. 그리고 말야, 뉴스를 통해 보는 세상은 두려움이 가득할 수 있어도 세상 곳곳에는 가슴 따뜻하고 아름다운 이야기도 많이 있단다. 하나님께서 일하고 계시는 소식을 찾아 귀를 기울인다면 힘이 나고 든든해질 거야. 사랑해.

······················· 엄마의 기도 ·······················

주님, 뉴스에선 전쟁과 기근과 테러와 재난의 소식이 끊이지 않아 저희를 불안하게 합니다. 어디든 안전한 곳이라고 보장할 수 없는 세상에 저희 자녀들이 살고 있습니다. 하나님께서 저희 자녀들이 가는 곳마다 함께하셔서 지켜 주소서. 주님 안에서 안전히 거하고 편히 쉬는 은혜가 그 삶에 늘 머무르게 하소서. 주님께서 함께하시는 그곳이 가장 안전한 곳인 줄 믿습니다. 예수님의 이름으로 기도 드립니다. 아멘.

···

25

"문제를 만나면 두려움이 생겨요."

널 힘들게 하는 문제는
널 단단하게 할 훈련일 뿐이란다

엄마가 초등학교를 졸업하고 동창들을 만나기 위해 학교를 방문한 일이 있었단다. 그때 엄만 깜짝 놀랐었지. 왜냐하면 그렇게 넓었던 학교 운동장이 너무 작아져 버렸기 때문이야. 철봉도 낮아졌고, 건물도 줄어들어 있었지. 실은 모든 것이 다 그대로였는데 엄마 키가 자라서 그만큼 운동장도 철봉도 건물도 작아 보이고 낮아 보인다는 걸 잠시 후에야 깨달았단다. 너희가 만나는 문제도 그렇겠다는 생각이 들어. 낮은 키로 바라보면 문제는 커 보이고, 높은 키로 바라보면 같은 문제도 작아 보일 수 있다는 생각이 든단다. 그런데 그 '키'라는 것이 커졌다 작아졌다 하지.

　사랑하는 다니야, 미니야. 너희가 만나는 문제 앞에서 두려워하지 않았으면 좋겠어. 두려운 마음이 생기면 너희는 점점 작아지게 되고, 그만큼 문제는 점점 더 커져서 똑바로 바라볼 수 없을 만큼 크게 보일 수 있거든. 실제로는 그렇게 큰 문제가 아닌데도 말이야. 하나님께서는 너희가 감당하지 못할 문제를 주지 않으신단다. 그리고 너희가 감당할 수 없는 일이면 미리 피할 길을 열어 주신다고 약속하셨지. 하나님의 약속을 믿고 문제 앞에서 당황하거나 두려워하지 않기를 축복한다.

　애들아, 힘들어 보이는 일이라도 너희를 괴롭힐 문제로 볼 것인지 성장의 기회로 볼 것인지를 생각하는 지혜가 있기를 축복한다. 너희가 아직 연약하다는 걸 하나님께서도 아시거든. 자기 부족함만 보고 두려워하거나 큰 문제라고 생각한다면 너희가 이름 지은 대로 그 일은 큰 문제가 될 거야. 하지만 하나님께서 주신 성장의 기회라고 생각한다면 너희가 이름 붙인 대로 그 일을 감당한 뒤엔 부쩍 자라 있는 자신을 발견할 거란다. 그 일을 허락하신 하나님께서 너희에게 지혜가 필요하면 손에 쥐어 주실 것이고, 용기가 필요하다면 함께하시고, 물질이나 도움이 될 사람이 필요하면 보내 주실 거란다. 하나님의 도우심을 믿고 그 문제를 두려워하지 않는 멋진 딸 아들이 되기를 축복한다.

그 친구만 없으면 편안해질 것 같고, 그 일만 없으면 즐거울 거라고 생각되는 그런 사람, 그런 일이 있을 수도 있단다. 그런데 말야, 가령 그 친구가 아니면 모든 문제가 사라질 것 같아도 또 다른 친구를 통해 널 단련하실 것이고, 그 일만 아니면 세상에 힘든 일 없을 것 같아도 그렇지 않단다. 세상을 이길 단단한 자녀로 키우실 하나님께서 감당할 만한 시험을 계속 허락하실 거야. 문제 앞에서 작아지지 말고, 하나님의 눈으로 문제를 볼 줄 아는 은혜가 있기를 축복한다. 사랑해.

······················· 엄마의 기도 ·······················

세상을 이기신 주님, 저희 자녀들이 마주하는 모든 일을 주님의 눈으로 볼 줄 아는 은혜가 있게 하소서. 두려움 대신 기대를 갖게 하시고, 주님의 능력을 의지하여 잘 감당하고 세상을 이기는 단단한 자녀로 성장하게 하소서. 예수님의 이름으로 기도드립니다. 아멘.

26

"우리 집에 개그맨이 살아요?"

좋아서 웃고, 웃겨서 웃고,
신나서 웃는 하루 되렴

미니야, 엄마가 오늘 너희 학교 작품전시회에 다녀왔단다. 우리 아들 작품을 보려고 시간을 내었지. 미술을 잘 못한다고 늘 그러더니 오늘 보니까 우리 아들에게는 탁월한 재주가 있던 걸? 제목을 멋지게 붙이는 재주 말야. 네 작품 제목이 "당황한 옆집 아저씨 얼굴"이더구나. 찰흙으로 만든 사람 얼굴에 꽃 모양의 비즈를 하나 입에 딱 꽂아 놓았는데, 정말 당황한 표정이더구나. 사람들마다 박장대소를 하면서 왜 제목을 그렇게 지었느냐고 묻는데, 엄마는 알 것 같았어. 우리 집 앞 현관에서 담배를 피우다가 사람만 나타나면 어디론가 사라져 보이지

않던 아저씨 생각이 나더구나. 언젠가 딱! 마주친 적이 있던 모양이지? 그 아저씨도 널 마주친 순간 많이 당황하셨나 보다. 오늘 네 작품의 표정이 실감이 나는 걸 보니 말야. 우리 아들은 우리 집 개그맨이야. 매일 웃음을 주니 말이지.

사랑하는 다니야, 미니야. 너희들에게 매일 웃을 일이 가득했으면 좋겠구나. 좋아서 웃고, 즐거워서 웃고, 신나서 웃고, 웃겨서 웃고, 많이 웃자. 웃음은 사람을 건강하게 만들어 준단다. 웃으면 실제로 얼굴 근육이 풀어지고 혈액순환도 잘된다는구나. 마음이 가라앉은 사람도 웃으면 다시 회복이 되고, 피곤하다가도 웃을 일이 있으면 그 피로가 싹~ 풀리기도 하지 않니? 아픈 사람들에게 웃음은 통증을 잊게 하고 치료를 도와주는 효과가 있다는구나. 하나님께서 "마음의 즐거움은 좋은 약"이라고 하셨거든. 부작용도 없고 몸과 마음을 모두 건강하게 만들어 주는 이 '웃음 특효약'을 날마다 먹고 건강해지기를 축복한다.

살다 보면 즐거운 일만 우리에게 일어나는 것은 아니지. 짜증나고 힘든 일도 있기 마련이거든. 그래서 하나님께서는 '항상 기뻐하라'고 우리에게 명령하신 모양이야. 그렇게 살아야 너희 몸과 마음이 늘 건강할 수 있기 때문이란다. 근심하면 뼈가 마른다고 성경에 말씀하셨지. 힘든 일이 있더라도 근심과 염려는 기도로 맡겨 버리고, 너희에게 좋은 것을 준비하신 하나님을 기대하면서 다시 기뻐하자꾸나. 좋은 것을 주셨을 때만 기뻐하지 말고, 좋은 일을 이루실 그때를 생각하면서 믿음으로 앞당겨 기뻐하는 건강한 우리 딸 아들이 되기를 축복한다. 사랑해.

.... 엄마의 기도 ....

주님, 저희 자녀들이 항상 기뻐하며 살게 하소서. 그 삶에 좋은 일들이 가득하게 하소서. 그러나 때때로 힘든 일이 있을지라도 좋은 것으로 주실 하나님을 기대하며 앞당겨 기뻐하는 아이들이 되게 하소서. 항상 기뻐함으로 몸과 마음이 늘 건강한 삶을 살게 하소서. 예수님의 이름으로 기도합니다. 아멘.

....

✛✛✛

좋은 것을 주셨을 때만 기뻐하지 말고,
좋은 일을 이루실 그때를 생각하면서 믿음으로 앞당겨 기뻐하는
건강한 우리 딸 아들이 되기를 축복한다.

PART 3

단단한 믿음을 위한 엄마의 축복

지금 하나님께서 숨 쉴 공기를 주고 산 것이 아니듯 하나님께서 너희를 위해 주신 것은 예수님을 믿는 믿음만 있으면 받아 누리는 것이란다. 값써 것이라서가 아니라 값을 매길 수 없는 것이기에 선물로 주신 거야. 이 놀라운 은혜를 알고 누리는 우리 딸 아들이 되기를 축복한다. 사랑해.

지금까지 살아오면서 숨 쉬기를 지어주고 신 것이 아니듯 하나님께서 그랬단다. 값써 것이라다. 값써 것이라다. 이 놀라운 은혜를 알고 누리

지금 하나님께서 주시는 햇빛을 거져 받아 누리듯.

27

"천국 입장권은 얼마에요?"

구원은 값 주고 살 수 없어서 '은혜의 선물'이란다

다니랑 같이 데이트를 하니까 행복하네. 예쁜 옷도 입어 보고, 멋진 신발도 신어 보고, 수다도 떨어서 즐거웠단다. 아까 백화점에서 명품을 파는 가게를 지나며 혼잣말을 했었지? "무슨 지갑 하나에 8만 원이나 해?" 그런데 실은 네 뒤를 따라가면서 엄마가 보니까 8만 원이 아니라 80만 원이라고 붙여져 있더구나. 혼자 웃었단다. 하긴 네겐 8만 원도 큰돈인데 지갑 하나에 80만 원을 준다는 건 상상도 못할 일일 수도 있겠지. 그러고 보면 사람들은 자기가 생각하기에 적절한 가격이라는 게 있는 것 같아. 물건의 가치에 비해 비싸다는 생각도 하는가 하면, 꽤 좋은 물건인데 터무니없이 싸도 혹시 가짜가 아닐까 하며 의심하기도 하지. 어마어마하게 값진 것을 공짜로 준다면 사람들이 어떻게 생각할까?

햇빛을 돈 주고 사려면 얼마쯤이면 될까? 우리가 호흡하는 공기를 돈 주고 사서 마셔야 한다면 돈이 없을 때 우린 어떻게 될까? 생각만 해도 끔찍한 것 같아. 어쩌면 우린 생명을 위해 꼭 필요한 것은 공짜로 쓰면서 그 가치는 모르고 있다는 생각이 들지 않니? 예수님께서 주신 구원이 그렇단다. 죄 가운데서 태어난 우리가 구원을 얻으려면 그 값을 치러야 하거든. 구원의 값을 매긴다면 얼마쯤일까? 몇 백만 원? 아니면 몇 억쯤? 그러면 돈이 없는 사람은 천국에 갈 수 없겠지. 그렇다면 착한 일을 몇 천 번쯤 하면 값이 될까? 그런데 예수님은 우리가 평생 동안 착한 일을 한다 해도, 혹은 힘든 고행을 해서 죄 값을 치르고 싶다 해도, 우리 힘으로는 천국에 갈 수 없다고 하셨단다. 죄가 없으신 예수님만이 그 값을 대신할 수 있기 때문이거든.

사랑하는 다니야, 미니야. 구원은 선물이란다. 돈이나 선행이나 고행이나 학식이나 그 어떤 것으로 얻을 수 있는 것이 아니지. 우리가 그런 걸 가졌다 해도 천국에 들어갈 수 있는 것이 아니란다. 그래서 하나님께서는 구원을 선물로 주신 거야. 그런데 거저 얻는 것이라서 그런지 오히려 그 소중함을 모르는 사람들이 많은 것 같아. '그래도 값이 있겠지. 그래도 내가 뭔가 대가를 치러야겠지. 설마 천국을 공짜로 얻을 수가 있겠어?' 하면서 말이야. 지금 하나님께서 주시는 햇빛을 거저 받아 누리듯, 지금까지 살아오면서 숨 쉰 공기를 돈 주고 산 것이 아니듯 구원도 그렇단다. 하나님께서 너희를 위해 주신 구원은 예수님을 믿는 믿음만 있으면 받아 누리는 것이란다. 값싼 것이라서가 아니라 값을 매길 수 없는 것이기에 선물로 주신 거야. 이 놀라운 은혜를 알고 누리는 우리 딸 아들이 되기를 축복한다. 사랑해.

······················ 엄마의 기도 ······················

저희에게 구원을 선물로 주신 주님, 그 소중한 은혜를 믿음으로 받아 누리는 저희 자녀들 되게 하소서. 내가 값을 치른 것이 없다고 '구원의 조건'으로 어떤 노력을 하려거나 그 소중함을 잊는 어리석음이 없게 하소서. 예수님을 믿는 믿음만으로 구원받음을 알고 그 사실에 감사하며 사는 저희 자녀들 되게 하소서. 예수님의 이름으로 기도합니다. 아멘.

28

"십일조를 왜 해야 하나요?"

십일조에는 용돈이 풍족해지는 비밀이 있단다

"엄마, 저 오늘 십일조 했어요."
"그랬어? 잘했네. 얼마를 했니?"
"한 달 용돈이 20,000원이니까 2,000원 했어요. 그런데 엄마, 왜 십일조를 하는 거예요?"

사랑하는 다니야, 미니야. 이 세상의 모든 것은 하나님의 것이란다. 네가 가진 것이나 엄마가 가진 모든 것도 다 하나님의 것이지. 십일조는 그것을 고백하는 믿음이란다. 열 개의 소득을 얻어 한 개를 드리지만, 그렇다고 나머지 아홉 개를 네 맘대로 써도 된다는 건 아니란다. 우리는 다 하나님의 청지기거든. 그러니까 하나님께서 맡기신 물질을 잘 관리해야 하는 관리인이라고 생각하면 된단다. 십일조를 드리면서 네게 주신 모든 것이 하나님의 것이라고 고백하는 우리 딸 아들이 되기를 축복한다. 그리고 맡기신 모든 것을 하나님의 뜻대로 잘 관리하는 청지기가 되어라.

엄마가 용돈을 매주마다 정기적으로 주는 이유는 어릴 때부터 돈 관리하는 법을 가르쳐 주고 싶어서란다. 작은 돈이 주어졌을 때 십일조를 드리고 잘 관리하는 사람은 더 큰 돈이 맡겨졌을 때도 잘 관리할 수 있거든. 자기에게 주어진 물질이 하나님의 것이라는 걸 인정하는 사람은 돈을 함부로 쓰지 않는단다. 감사하는 마음으로 자기 규모에 맞게 생활할 줄도 알고, 무엇을 살 때도 꼭 필요한 것인지 신중하게 생각을 하지. 필요한 물건이 비싼 것이면 빚을 지는 대신 모아서 살 줄 아는 인내가 있거든. 하나님의 방법대로 사는 것이지. 많은 수입보다 중요한 건 잘 사용하는 것이란다. 씀씀이가 자기 수입보다 크면 많이 번다고 해도 빚을 지게 되거든. 물질을 잘 관리하는 지혜가 너희에게 있기를 축복한다. 그리고 십일조를 잘 드리는 너희의 창고를 하나님께서 풍족하게 지켜 주실 거야. 사랑해.

하나님께서 십일조를 잘 드리는 너희에게 평생 먹고 쓸 것을 공급하시고, 남에게 꾸어 주고 나눠 줄 수 있는 풍족함을 주실 거란다. 그런데 말야, 지금 몇 천 원의 십일조를 잘 드리는 너희에게 하나님께서 훗날 몇 천만 원 혹은 몇 억이나 그보다 훨씬 더 큰 돈을 맡기실 수도 있단다. 지금 작은 십일조를 드리는 너희가 후에는 큰 금액의 십일조를 드리게 되는 거야. 그렇더라도 물질에 마음을 두지 말고 그것을 주신 하나님을 기억하여 여전히 감사함으로 드리기를 축복한다. 사랑해.

················ 엄마의 기도 ················

주님, 저희 자녀가 소득이 있을 때마다 기쁨으로 십일조를 드리게 하소서. 자기의 모든 소유가 하나님의 것임을 알아 잘 관리하는 청지기가 되게 하소서. 평생 꾸어 주고 나눠 주는 인생이 되게 하시고, 맡겨 주신 하나님께 기쁨이 되도록 물질을 잘 사용하게 하소서. 예수님의 이름으로 기도드립니다. 아멘.

29

"저는 아무거나 걸쳐도 다 멋있어요."

너는 하나님께서 만드신 최고의 명품이란다

얼마 전에 태권도 승급심사를 보러 엄마가 도장에 갔었지? 수십 명의 아이들이 같은 모양, 같은 색깔의 도복을 입고 줄을 맞춰 서 있는데도 엄마 눈엔 우리 딸, 아들이 금방 들어오더구나. 엄마의 눈 안에는 너희들만 가득했단다. 심사 후에 우수 어린이라고 다니 이름이 제일 먼저 불리더구나. 우리 딸 이름을 듣는 순간 힘차게 손뼉을 치다 둘러보니까 엄마 혼자서만 박수를 치고 있는 거야. 아직 박수를 칠 때가 아니었거든. 많은 아이들이 있어도 엄마의 눈은 언제나 우리 딸 아들을 찾고, 엄마의 귀는 너희들 이름에 가장 먼저 반응을 하지. 하나님의 눈

동자 속에도 너희가 그렇게 들어 있단다. 이 사실을 잊지 말고 언제나 기억하렴.

어느 날 미니에게 아울렛에서 티셔츠와 바지를 사주고는 "엄마가 좋은 옷은 못 사주네?" 했더니 미니가 잠시도 주저하지 않고 대답했단다. "괜찮아요. 내가 명품이니까 아무거나 걸쳐도 다 멋있어요." 엄마는 그 말에 참 많이 감동했단다. 맘속에 네가 소중한 존재임을 늘 기억하고 있는 듯 느껴졌기 때문이야. 사랑하는 다니야, 미니야. 너희는 그 고백대로 하나님께서 만드신 명품이란다. 너희 자체가 명품이기 때문에 다른 어떤 것으로도 너희의 소중함이 더하거나 덜해지지 않는 거야. 좋은 옷을 입으면 예뻐도 보이고, 좋은 물건을 가지고 있으면 뿌듯하기도 하지. 하지만 비싼 옷이나 최신형 핸드폰처럼 비싼 물건을 가져야만 자신이 값져 보인다고 생각하는 사람은 얼마나 힘들고 불안할까 싶어. 무엇이 있고 없음으로 행복하다고 여기기도 하고 불행하다고 여기기도 할 테니 말이지. 너희는 어떤 장식으로 가치가 더해지거나 덜해지지 않는 하나님의 명품이란다. 이 사실을 기억하며 사는 은혜가 있기를 축복한다.

자신의 가치를 평가하는 걸 자존감이라고 한단다. 자존감이 낮은 사람은 열등감이 생길 수가 있지. 열등감은 다른 사람 앞에서 자기가 부족하다고 여기는 것이란다. 그런데 이 열등감이 심한 사람은 사람들과의 관계가 너무 쉽게 안 좋아질 수 있단다. 어떤 말을 해도 쉽게 상처를 받거나 자주 삐치거든. 조금만 자신을 무시한다고 생각해도 마음을 닫거나 화를 내기도 하지. 심지어 칭찬으로 하는 말도 열등감으로 해석하기 때문에 칭찬이라 생각하지 못하고, 비꼬는 말이라 오해를 하기도 한단다. 그래서 열등감이 심한 사람과 함께하면 힘이 빠진단다. 평생 열등감 없이 명품답게 사는 우리 딸 아들이 되기를 축복한다. 사랑해.

·························· 엄마의 기도 ··························

주님, 저희 자녀들이 하나님의 눈동자 안에 자신이 들어 있다는 사실을 기억하게 하소서. 하나님의 사랑으로 가득 차서 평생 열등감 없이 살게 하소서. 무엇이 있고 없음으로 행복과 불행을 오가는 일이 없게 하시고, 하나님께서 만드신 명품답게 살게 하소서. 예수님의 이름으로 기도드립니다. 아멘.

30

"엄마, 피가 없으면 어떻게 돼요?"

너희 안에는 예수님의 생명이 흐르고 있단다

"엄마, 피가 없으면 어떻게 돼요?"
"으응? 죽지."
"왜요?"
"피는 우리 몸에 필요한 산소와 영양분을 전달해 주는데, 그 피가 없으면 결국엔 죽지."

뜬금없는 네 질문에 제대로 대답해 주려면 의학 서적이라도 읽어 두어야겠구나. 그런데 엄마도 갑자기 성경에 자주 나오는 예수님의 피는 어떤 의미일까 하는 생각이 들더구나.

다니야, 미니야. 너희는 예수님께서 피 흘려 사신 귀한 아이들이란다. 우리는 모두 죄 가운데 태어나서 그 대가로 영원한 죽음을 맞이할 수밖에 없었지. 구원을 얻기 위해서는 죄 없는 사람의 죽음이 필요했단다. 왜냐하면 죄인은 죽어도 자기의 죄에 대한 대가일 뿐 다른 누구도 구원할 수가 없기 때문이야. 그런데 사람들 중에 죄가 없는 사람은 없단다. 아담이 죄를 지은 이후로 모든 사람은 태어날 때부터 죄가 있기 때문이지. 그래서 죄 없으신 하나님께서 사람의 몸을 입고 세상에 내려오셨어. 그분이 예수님이란다. 죄가 없으신 예수님께서 십자가에서 피를 다 쏟고 죽으셨기 때문에 너희가 영원한 생명을 얻은 것이란다.

피는 우리가 느끼지 못하는 사이에도 쉴 새 없이 우리 몸속을 흐르고 있지. 그 피는 우리 몸 곳곳에 필요한 산소와 영양을 담아서 배달을 해주니까 생명의 전달자라고 할 수 있을 거야. 피가 잘 돌지 못하거나 부족하게 되면 우리 몸이 건강하지 못하고, 피가 일정한 양보다 부족해지면 결국 죽게 된단다. 예수님 없이 살아도 당장에는 티가 나지 않을 수도 있어. 하지만 우리 영혼이 숨 쉬고 건강하게 살 수 있는 산소와 영양이 부족하게 되어 점점 답답해지고 약해지기 시작하지. 예수님을 믿으면 우리 안에 생명의 피가 흘러 건강하게 살고, 영원한 생명을 얻는 거란다. 하지만 예수님이 없는 사람은 결국 영원한 죽음에 이르게 되지. 너희에겐 예수님이 필요하단다.

그런데 얘들아, 피는 네 달 정도를 살다가 죽고 새로운 피가 자꾸 생겨난다고 하는구나. 그러니까 처음의 피가 계속 돌고 있는 것 같지만, 실은 날마다 새로 생기는 피가 우리 몸을 돌고 있는 것이란다. 사랑하는 다니야 미니야, 예수님께서는 오늘도 너희 몸 안에 새로운 생명의 피를 만들고 계신단다. 그래서 너희 키와 몸이 자라게 하실 뿐 아니라 너희 마음과 영혼이 건강하도록 부지런히 일하고 계시지. 예수님의 생명이 너희 안에 있어 몸도 마음도 건강한 아이로 자라기를 축복한다. 사랑해.

엄마의 기도

저희를 위해 십자가에서 죽으신 주님, 감사합니다. 저희 자녀들의 몸 안에 날마다 건강한 피가 생겨 키와 몸이 잘 자라게 하소서. 예수님의 생명이 그 마음과 영혼에 날마다 새롭게 부어져 건강한 정신과 영혼을 지닌 사람으로 살게 하소서. 예수님의 이름으로 기도드립니다. 아멘.

31

"답이 없을 땐 어떻게 해요?"

하나님의 뜻이 아니면
당당하게 'NO'라고 말하렴

우리 집 연예인 미니, 아침에 눈을 뜨면서부터 잠이 들 때까지 노래하고 춤추느라 늘 바쁘지. 게다가 밖에선 운동하느라 더 바쁜 네가 며칠 전엔 말도 없이 점잖게 수학문제집을 풀어 놓았기에 엄마가 살짝 감동을 했단다. 모처럼 맘먹고 공부한 것 같아 집안일을 뒤로 하고 채점을 해주려고 보니 1번 문제부터 답을 적는 자리에 '없다'라고 적혀 있더구나. 그때 네가 한 대답이 생각할수록 자꾸 감동이 되는 건 엄마여서일까? 답을 몰라서 그렇게 썼냐고 묻는 엄마에게 네가 푼 답이 아무리 봐도 다섯 개 중에 없어서 그렇게 썼다고 했지. 채점을 해주려다

가 엄만 웃음이 터져 나왔지만 속으론 그랬단다. '훌륭한 아들!'

미니야, 문제 앞에서 당당한 너의 모습이 엄만 왜 그리 흐뭇했는지 모르겠다. 점수를 생각하면 손해이고 요령 없다고 한소리 들을 수도 있는 일인데 말야. 그러고 보니 엄마도 학교 다닐 때 답이 없으면 그냥 아무거나 하나 쓰라고 배웠던 것 같아. 그렇게 해서 맞으면 왠지 보너스 같고 어떨 땐 풀어서 맞은 것보다 기분이 더 좋아지기도 했거든. 그런데 그 상황에서 엄마는 수학이 아닌 너의 삶에 대한 자세를 생각했단다. 네 생각이나 행동을 결정해야 하는 문제 상황을 만났을 때를 말이지. 옳은 일이 아니라는 걸 알면서도 사람들의 시선 때문에 선택을 하거나, 가는 길이 어려워 보인다고 당장 쉬워 보이는 방법을 택하지는 않았으면 좋겠구나. 틀린 걸 알면서도 많은 사람들이 그렇게 하니까 나도 그렇게 안 하면 이상하게 볼까봐 따라 가는 일이 없기를 기도한다. 당연해 보이고 빠르게 갈 수 있는 길이라도 그것이 진리가 아닌 잘못된 길이라면 당당하게 "답 없음"이라고 말하는 아들이 되기를 축복한다.

하나님 보시기에 아름다운 것이 사람들 보기에도 좋아 보이는 경우가 많지. 하지만 그렇지 않을 때도 많단다. 옳지 않은 것을 당장의 이

익을 위해 받아들여야 한다고 할 때, 그것이 하나님 뜻에 어긋난다면 용기 있게 "여기 답 없음"이라고 말하는 아들이 되었으면 좋겠다. 그렇게 하는 데는 용기도 필요하고, 때론 손해를 보기도 하지. 하지만 하나님께서 힘을 주시고, 네가 당장에 본 손해는 몇 배 혹은 몇 십 배로 갚아 주실 날이 있을 거야. 하나님께서 알려 주신 방법을 진리라 말하는 아들이 되거라. 그런데 말야, 앞으로 수학 문제를 풀 때는 요령껏 답을 써서 보너스의 즐거움도 누리기 바란다. 사랑해.

────────── 엄마의 기도 ──────────

진리이신 예수님, 저희 자녀들이 하나님의 말씀을 따라 살게 하소서. 세상이 자기 눈에 좋은 대로 진리가 아닌 것을 옳다 말할 때, 하나님의 도우심을 믿고 진리의 길로 당당하게 가는 저희 자녀들 되게 하옵소서. 예수님의 이름으로 기도합니다. 아멘.

──────────────────────────────

32

"성경말씀이 정말 꿀송이처럼 달아요?"

매일 밥 먹듯 성경말씀을 먹으며 자라거라

　새해를 맞이한 지가 벌써 한 달이 다 되어가는구나. 작심삼일이라더니 벌써 큐티하는 모습이 뜸하네? 처음 성경을 묵상하던 날 생각이 난다. 다니는 또박또박 성경에 대한 답을 적어가며 진지하게 하더구나. 무슨 기도 내용을 적었는지는 비밀이라며 보여 주지 않았지. 아직 학교에 입학도 하지 않은 미니에겐 좀 어렵겠다 싶었는데 그래도 혼자 할 수 있다고 누나 옆에서 큐티를 하더구나. 그러고는 5분이 채 지나지 않아 다 했다고 가져왔지. 작은 손에 연필을 잡아서 그런지 글씨도

삐뚤빼뚤한데, 내용을 보고는 한참을 웃었단다. (1월 1일 큐티) 전도할 사람 : 박정훈, 전도 방법 : 꼬셔 전도, 전도를 위한 기도 : "제발 예수님 믿게 해주세요." 그래도 큐티가 어렵지 않냐고 하니까 하나도 어렵지 않고 재밌다고 했지. 한동안 아침이면 큐티를 먼저 하고 노는 모습이 기특했단다. 성경을 많이 알거나 오래 앉아 보기를 바라는 것이 아니라 매일 말씀을 먹는 생활을 경험하게 해주고 싶었단다.

밥은 아침에 먹어도 점심 때 먹고, 저녁이 되면 또 먹어야 하지. 생각해 보면 참 재밌지 않니? 뷔페에 가서 실컷 먹고 나면 한 일주일쯤은 거뜬할 것 같은데 한나절도 지나지 않아 슬슬 배가 고파 오니 말야. 왜 밥은 자꾸자꾸 먹어야 할까? 밥을 먹지 않으면 힘이 없어지고 힘이 없으면 공부도 하기 힘들고 노는 것조차도 하기가 어렵지. 계속 밥을 먹지 않으면 결국 살 수 없게 되지 않니? 우리 몸에 매일 밥이 필요한 것처럼 우리 영혼에도 매일 말씀이 필요하단다. 그런데 배가 고픈 건 금방 알 수 있지만 영혼의 배가 고픈 건 쉽게 느끼지 못하기도 해. 예를 들어 친구를 미워하는 마음이 생기고, 불평이 나오고, 마음에 기쁨이 없어질 땐 영혼의 배가 고픈 거란다. 사랑하라, 감사하라, 항상 기뻐하라는 하나님의 말씀을 먹어야 사랑하고 감사하고 기뻐할 힘이 생기지. 밥을 먹듯 하나님의 말씀을 매일 먹고 사는 우리 딸 아들이 되기를 축복한다.

엄마는 해야 할 일이 많고 바쁠 때일수록 하나님의 말씀을 더 찾는단다. 급하게 일을 시작하기보다 하나님께서 오늘 내게 뭐라고 말씀하시는지에 먼저 귀를 기울이지. 일이 많을수록 마음이 평안하기가 어렵거든. 불편한 마음으로 바쁘게 일을 처리하다 보면 많은 일을 한 것 같아도 오히려 일의 결과가 안 좋을 때도 많거든. 하나님께서 지혜도 주시고, 좋은 결과도 주시고, 무엇보다 일 때문에 사람의 마음을 상하게 하지 않도록 엄마의 마음을 붙들어 주시지. 그것이 엄마가 세상을 힘있게 사는 비결이란다. 특별한 외식이 아닌 매일 먹는 평범한 밥처럼 하나님 말씀을 날마다 즐겨 먹는 다니, 미니가 되기를 축복한다. 사랑해.

················· 엄마의 기도 ·················

주님, 저희 자녀들이 매일 밥을 먹듯 하나님의 말씀을 먹게 하소서. 그래서 몸과 마음과 영혼이 늘 건강한 자녀가 되게 하소서. 예수님의 이름으로 기도드립니다. 아멘.

33

"보이지 않는 하나님은 어디 계세요?"

살아 계신 하나님은
오늘도 너를 돕고 계시단다

'보이는 것만이 진실입니다.'
"저거 아닌데?"
"TV 보다가 갑자기 뭐가?"
"보이는 것만 진실이 아니잖아요. 보이지 않는 것도 진실이 있잖아요."
"뭐가 있는데?"
"하나님 하고 예수님은 보이지는 않아도 진짜 계시잖아요."

"갑자기 왜 그런 생각을 했니?"
"어떤 사람은 성경을 신화라고 하지만 성경은 진짜잖아요."

미니야, 가끔 어린 네가 엄마를 깜짝 놀라게 하는구나. 그래, 너의 고백대로 하나님은 우리 눈에 보이지 않아도 살아 계신단다. 그리고 세상의 모든 것 안에 하나님을 알 만한 것들을 넣어 두셨지. 믿음이 있는 사람에게는 그의 살아 계심과 일하시는 모습을 나타내시지. 사람들은 하나님을 보여 주면 믿겠다고 하지만 이천 년 전에 하나님께서 사람의 몸을 입고 오셨을 때 사람들은 예수님을 보고도 믿지 않았단다. 보는 사람이 믿는 게 아니라, 믿는 사람이 볼 수 있는 거란다.

어린 네 입술을 통해 믿음의 고백을 들으신 하나님께서 얼마나 기뻐하실까? 엄만 네가 고백한 그 하나님을 너의 삶을 통해 많이 경험하고 만나기를 소원한단다. 너의 생명을 지키시는 하나님의 손길을, 너의 기도에 응답하시느라 바쁘신 하나님의 발걸음을 발견하는 눈이 있기를 축복해. 네가 가는 길을 인도하시고, 너의 필요를 채우시느라 오늘도 부지런히 일하고 계시는 하나님의 모습을 볼 수 있기를 기도한다.

가끔 하나님의 손이 보일 것만 같은 때가 있단다. 중요한 순간에 하나님께서 놀라운 손길로 도우시는 걸 경험하거든. 나에게 일어난 놀라운 일들을 보고 사람들은 "도대체 그게 어떻게 가능하냐?"고 묻는단다. 내 힘으로 얻을 수 있는 게 아니라는 걸 사람들도 알거든. 그럴 때이 대답밖에는 해줄 것이 없지. "하나님께서 하셨다"고. 이제 너의 고백대로 하나님께서 살아 계신 증거를 네 삶에 더 많이 나타내실 거란다. 사람들이 그때 너에게도 물을 거야. 어떻게 그 일이 가능하냐고 말이다. 그때 잊지 말고 살아 계신 하나님께서 너에게 행하신 일을 고백하도록 하자. 하나님께서 들으시고 기뻐셔서 더 큰 손길로 네게 나타내실 거란다. 사랑해.

························· 엄마의 기도 ·························

하나님, 하나님께서 살아 계시다는 그 어린 입술의 고백이 저희 자녀들의 평생의 고백이 되게 하소서. 날마다 부지런히 일하시는 하나님의 모습을 저희 자녀들이 발견하고 경험하는 은혜가 있게 하소서. 예수님의 이름으로 기도드립니다. 아멘.

··

34

"마음을 비추는 광선도 있어요?"

성령님은 마음이 아픈 곳을 찾으시고 고쳐 주신단다

　엄마가 오늘 책을 보다가 X선에 대한 이야기를 읽었단다. 미니가 얼마 전에 뼈가 부러져 깁스를 했었지? 보이지 않는 몸속이지만 뼈가 부러지거나 다시 붙은 상태를 확인할 수 있게 해준 X선이 있어서 감사하지 않니? X선은 뢴트겐이 발견했단다. 당시의 발견은 대단한 업적이었다는구나. 보이지 않는 몸속의 뼈나 폐의 상태를 볼 수 있게 해주어서 말이지. X선의 존재가 처음 신문에 보도되었을 때 사람들은 무척 당황했다고 해. 그 선이 옷을 뚫고 들어가 벗은 몸을 찍을 수 있는 것으로 오해했기 때문이야. 하지만 X선은 사람들의 부끄러운 모습을 보여 주려고 하는 것이 아니란다. 뼈가 부러졌거나 폐에 이상이 있는 곳을 찾아 치료할 곳을 알려 주고 암 치료 등에도 사용된다고 하니 아주 유용한 것이지.

그런데 애들아, 몸을 비추는 X선처럼 마음을 비추는 빛이 있다면 어떨까? 보이지 않는 마음속을 시원하게 비춰 준다면 좋지 않을까? 그런 빛이 있단다. 눈으로는 보이지 않지만 우리 마음속을 밝혀 죄를 깨닫게 해주는 빛이 있지. 바로 성령의 빛이란다. 빛이 어두운 곳을 밝히듯 성령은 우리 마음속 구석구석을 밝혀 주신단다. 그 앞에선 감출 수 있는 것이 없지. 거짓말한 것, 미워한 것, 혹시 누군가의 물건을 훔친 것, 친구에게 욕한 것, 이런 것들이 다 드러나는 거야. 이렇게 몰래 지은 죄들이 다 드러난다고 생각하면 성령이 싫고 불편하게 느껴질 수도 있겠지.

하지만 우리 몸 안에 나쁜 병이 자라고 있는데도 알지 못하고 지내거나, 알면서도 치료가 힘들고 귀찮다고 그대로 지내다 보면 어떻게 될까? 우리 몸은 더 병들게 되고, 이 병이 자라 결국 치료하기 힘들어지면 생명이 위험할 수도 있지 않겠니? 우리 마음도 그렇단다. 성령의 빛이 X선처럼 병든 곳을 드러내시는 건 우리를 부끄럽게 하려고 그러시는 것이 아니란다. 치료하고 깨끗하게 하셔서 건강하게 살게 하시려는 것이지. 성령의 빛이 날마다 너희 안에 병든 곳은 없는지 비춰 주시고, 또 치료해 주시기를 엄마는 기도한단다. 혹시 너희 몸 안에서 자라고 있는 나쁜 병이 있다면 성령의 빛으로 치료해 주시기를, 마음을 병들게 하는 죄가 자라고 있다면 자라기 전에 얼른 드러내셔서 치료해 주시기를 말이지. 몸도 마음도 늘 건강한 우리 딸 아들이 되기를 축복한다. 사랑해.

······················· 엄마의 기도 ·······················

성령님, 날마다 저희 자녀들의 몸과 마음을 밝은 빛으로 비춰 주소서. 혹시 몸 안에 어떤 병이 있거든 저희가 모르는 사이에라도 치료해 주소서. 마음속에 허물과 죄가 있다면 그 죄를 고백하고 용서받아 몸도 마음도 영혼도 건강한 아이로 자라게 하소서. 성령의 빛을 저희 자녀들이 오해하여 피하지 않게 하시고, 건강 검진을 받듯 날마다 그 앞에 나가기를 기뻐하는 자녀들 되게 하소서. 예수님의 이름으로 기도합니다. 아멘.

35

"똑같은 잘못을 또 했는데 용서해 주실까요?"

잘못은 숨기지 않고 고백할 때 용서받는 거란다

"그래, 기도하니까 예수님께서 뭐라고 하시든?"

"……."

"1번, 이 노~~옴. 2번, 용서한다. 3번, 아무 말씀 없으심."

"2번이요. 기도하고 나니까 엄마한테 말씀드려야겠다는 생각이 들었어요."

미니야, 엄마는 네가 자랑스러워. 진정한 용기가 있는 아들이라는 걸 알게 되었거든. 잠을 자러 들어간 네가 잘 자고 있는지 문을 열어보

앉는데 엉덩이를 하늘로 향하고 머리는 베개에 파묻고 있더구나. 배가 아픈 것 같지는 않은데, 가만히 보니 기도를 하고 있는 것 같았어. 오늘 네가 놀이터에 책을 두고 와서 잃어버렸다고 했던 말이 기억 나더구나. 너는 네가 즐겨보는 책이라며 다시 사달라고 했고, 엄마는 두고두고 볼 만큼 가치 있는 책은 아니니까 다른 책을 사자고 했지. 그런데 그 책이 학교에서 빌려온 것이었더구나. 빌린 책을 잃어버렸다고 하면 엄마한테 혼이 날까 봐 거짓말을 한 것이었어. 그런데 엄마의 반응이 예상과 달라서 많이 당황했겠네. 아무래도 도와주실 분은 예수님밖에 없다는 생각이 들었어?

미니가 엄마의 마음을 잘 모르고 있는 것 같아. 놀이터에서 책을 잃어버린 건 실수거든. 네가 실수할 수 있다는 걸 엄마는 알고 있단다. 솔직하게 말을 했어도 그 일로 야단을 치지는 않았을 텐데 말야. 우리는 예수님의 마음도 잘 모른다는 생각이 드는구나. 잘못을 고백할 때 이놈~ 하고 꾸짖으시는 분이 아니라 용서할 준비가 되어 있으신 예수님인데 말이지. 미니야, 예수님께서는 네가 잘못할 수 있다는 걸 아신단다. 네가 얼마나 약한지도 알고 계시고, 그 모습을 긍휼히 여기는 분이셔. 책을 잃어버린 건 일부러 그런 것이 아니라 있을 수 있는 실수거든. 엄마도 가끔 물건을 잃어버리기도 해. 그런데 그걸 감추기 위해 거짓말을 만들어 내니까 일은 훨씬 더 복잡해지고 마음은 무거워지지 않니?

엄만 네가 자라면서 잘못된 일을 하지 않길 바라지만 우리는 다 죄의 습관을 가지고 있기 때문에 그런 일이 있을 수 있단다. 그런데 잘못을 저질렀을 때 그것이 잘못이라는 걸 깨달으면 숨기지 말고, 그것을 감추기 위해 또 다른 거짓말을 만들지도 말고, 곧바로 예수님 앞에 나가 잘못을 고백하도록 하자. 네 고백을 들으신 예수님은 용서하시고, 오늘처럼 엄마에게 솔직하게 말할 용기도 주실 거란다. 이런 진정한 용기가 있는 아들이 되기를 축복한다. 사랑해.

엄마의 기도

저희의 약함과 부족함을 아시고 불쌍히 여겨 주시는 주님, 저희 자녀들이 죄에 빠지지 않도록 지켜 주소서. 그러나 혹시 실수하고 넘어질 때에 죄를 깨닫는 은혜와 고백할 수 있는 용기를 주소서. 죄를 고백할 때 결코 정죄하지 않으시는 주님께 나아가 용서함을 받고 다시 살아갈 힘을 얻게 하소서. 예수님의 이름으로 기도합니다. 아멘.

36

"영원히 죽지 않고 살 수 있어요?"

천국은 우리에게
어려움을 이기고 견딜 힘을 준단다

"내 소원은 엄마, 아빠, 동생, 할머니랑 건강하게 오래 사는 것이다. 하지만 사람은 모두 죽는다. 그래도 괜찮다. 천국에서 다시 만나니까."

소원을 주제로 쓰는 일기에 다니가 이런 마음을 적었더구나. 비록 짧은 고백이지만 우리 다니의 가슴속에도 천국의 소망이 있음을 알고 감사했단다. 그래, 네 고백대로 우린 천국에서 다시 만난단다. 그 사실이 너의 삶에 큰 힘이 될 거야. 천국의 소망을 가지고 사는 우리 딸 아들이 되거라.

가족 모두가 건강하게 오래 살기를 바라는 우리 딸의 소원을 하나님께서 이루어 주시기를 엄마도 기도한단다. 우리 다니, 미니가 잘 자라서 학교를 졸업하고, 직장을 다니고, 가정을 이루어 너희처럼 예쁜 딸 아들을 낳고 사는 것을 보도록 말이야. 그런데 우리가 아는 것처럼 사람은 모두 죽는단다. 죽음이라는 말을 들으면 무섭고 두렵게 느껴질 수도 있어. 아마 죽음은 끝이라는 생각이 들어서일 거야. 죽으면 사랑하는 사람들과 이별해야 하기 때문이기도 하겠지. 그런데 다니의 고백대로 죽음이 끝이 아니란다. 예수님을 믿는 사람들에겐 천국에서의 영원한 삶이 있기 때문에 죽음은 잠깐의 이별인 셈이지. 밤에 잠을 자고 나면 아침에 일어나는 것처럼 잠시 잠이 드는 것과 같단다. 여기가 끝이 아니라는 것을 알고, 천국에서 다시 만날 소망이 있기 때문에 두려움 대신 평안할 수가 있지. 지금은 천국 같은 가정을 누리는 우리 가족이 나중에는 영원한 천국에서 함께 살게 될 거란다.

천국의 소망이 있는 사람은 만족과 감사가 있단다. 지금 갖고 싶은 걸 다 갖지 못해도 더 좋은 것이 가득한 천국이 약속되어 있기 때문이지. 그리고 천국의 소망이 있는 사람은 지금 힘든 일을 만나도 견뎌 낼 힘과 여유가 있단다. 천국에는 눈물도 슬픔도 없고 기쁨만 가득하다고 하셨거든. 지금 보이는 인생만 생각하면 모든 일이 당장에 이뤄져야 하겠지만, 영원한 시간을 알고 사는 사람은 하나님의 때에 이뤄지기를 기다리며 여유를 가질 수가 있지. 예수님을 믿는 너희에게 천국의 시민다운 여유와 인내가 있기를 축복한다.

그런데 말야, 천국은 죽어서만 누리는 것이 아니란다. 하나님께서 이 세상에 천국의 보물을 많이 심어 놓으셨거든. 너희가 하나님의 뜻을 행하는 만큼 그 보물을 캐고 얻는 기쁨을 누릴 수가 있단다. 그러니까 예수님을 믿는 너희에겐 이미 천국이 시작된 셈이지. 하나님께서 일상 속에 심어 두신 천국의 보물을 날마다 캐내어 그 기쁨을 누리는 우리 딸 아들이 되기를 축복한다. 사랑해.

·········· 엄마의 기도 ··········

예수님을 믿는 저희 자녀들에게 천국을 예비하신 주님, 저희 자녀들이 그 믿음과 소망을 가지고 살게 하소서. 천국의 소망을 가진 사람답게 평안하게 하시고, 하나님의 때를 기다리는 여유와 인내가 있게 하소서. 그 삶 속에 뿌려 놓으신 천국의 기쁨들을 날마다 발견하는 은혜가 있게 하소서. 예수님의 이름으로 기도드립니다. 아멘.

37

"아빠 힘은 얼마나 세요?"

우리의 계산보다 놀라운
하나님의 기적이 나타나길 기도할게

"오늘 숙제가 있니?"

"네, 수학 익힘책 두 쪽만 하면 돼요. 요즘 '큰 수'를 배우는데 재밌어요. 아참 엄마, 오늘 수학시간에 저희 모둠에서 말다툼이 있었어요."

"그래? 무슨 일로?"

"'4억 3200만'을 넣어서 문장 만들기를 하는 문제가 있었는데요, 우주가 '아빠가 과일장사를 하셔서 4년 동안 모으신 돈이 4억 3200만'이라고 썼거든요. 근데 지훈이가 그게 쉬운 일이 아니라고 따진 거예요. 우주 아빠가 지하철 역 앞에서 과일 장사를 하거든요. 우주가 맞는 것도 같고, 지훈이가 맞는 것도 같고, 누가 맞아요, 엄마?"

"글쎄, 우주가 아빠의 능력을 제대로 믿고 있는 것일까? 아니면 4억이라는 돈이 얼마나 큰지 지훈이가 더 잘 알고 있는 걸까? 그래도 우주는 아빠가 돈을 잘 버시는 상상을 하면서 행복했을 텐데 좀 서운했겠다."

애들아, 너희는 하나님 아버지의 능력을 얼마나 알고 있니? 그는 이 세상을 만드신 분이고, 세상의 모든 일이 그분께 달려 있지. 사람들은 대개 수학 공식이나 과학의 원리 안에서 계산하고 판단을 하지. 그렇게 계획하고 그에 맞게 살아가는 일도 중요하단다. 하지만 과연 정확한 계산 안에서만 소원을 가져야 하는지, 모든 일이 우리가 계산한 대로 답이 나오는지 들여다보면 그렇지 않을 때도 많다는 걸 알 수 있지. 수학의 틀과 예상을 넘어선 하나님의 놀라운 능력을 경험할 때가 있단다.

내가 원하는 일이 계산으로는 도저히 얻을 수 없는데 선물처럼 주어질 때가 있거든. 마치 주머니에 돈이 없는데 아주 비싼 물건을 얻은 것처럼 말야. 그럴 땐 소원을 채워 주시는 하나님의 손길이 보일 것만 같아. 소원할 때와 그것을 얻을 때, 그 사이에 무슨 일이 있었는지 아니? '아버지께 구하는 기도'란다. 세상의 모든 것이 하나님 아버지의 것이잖니? 생명을 주어 너희를 사신 하나님께서 그 어떤 것을 아끼시겠니? 소원이 생기면 주머니를 바라보지 말고, 환경을 탓하지 말고, 하나님 아버지께 말씀을 드리자꾸나. 그 소원이 하나님께 기쁨이 되고, 너희에게 좋은 것이면 채워 주실 거란다. 1+1=2가 아니라 하나님께서 함께하시면 너희가 가진 1이 30이 될 수도, 60이 될 수도, 100이 될 수도 있는 거란다. 소원이 있다면 하나님께 구하되 크게 구하고, 얼마든지 구해서 좋은 것을 풍성하게 누리는 딸 아들이 되기를 축복한다. 사랑해.

················· 엄마의 기도 ·················

저희를 향해 입을 크게 열라고 하신 하나님, 감사합니다. 저희 자녀에게 소원이 생길 때, 가진 것이 적다고 불평하거나 포기하지 않고 하나님의 능력을 구하게 하소서. 저희를 향해 활짝 열어 놓으신 하늘 창고를 보게 하소서. 그래서 넘치도록 풍성하게 채우시는 하나님을 의지하여 좋은 것을 받아 누리며 살게 하소서. 예수님의 이름으로 기도합니다. 아멘.

38

"하나님 나라는 어디에 있나요?"

네가 하나님의 뜻을 행하는
그곳이 천국이 된단다

"엄마, 제주도에서도 대통령은 박근혜 대통령이에요?"

"그럼. 다니가 요즘 우리나라 행정구역을 배우는 중이라 그런지 텔레비전 뉴스를 유심히 보는구나. 제주도는 지도에서 보면 땅이 뚝 떨어져 있으니까 거기까지 대통령의 힘이 미치지 못할 것같아 보였나 보다. 통치권은 눈에 보이지 않으니까 그렇게 생각할 수도 있지."

애들아, 한 나라가 세워지려면 세 가지가 필요하단다. 국민, 영토, 주권이 있어야 하지. 제주도처럼 땅이 육지에서 떨어져 있는 곳이라도 우리나라 주권이 미치는 곳이면 대한민국 영토란다. 눈에 보이지 않는 하나님의 나라 곧 천국도 그렇게 생각하면 되는 거야. 예수님을 믿는 사람은 나중에 영원한 천국에 들어가지. 하지만 이 땅에 살면서도 천국을 미리 맛보고 경험할 수가 있단다. 하나님의 말씀을 행하는 그곳이 천국이 되거든.

가령 어떤 아이가 부모님의 말씀을 잘 듣지 않다가 "네 부모를 공경하라"는 하나님의 말씀을 알게 되었다고 하자. 부모님을 공경한다는 것은 부모님의 말씀을 듣고 그렇게 행하는 것이거든. 그 아이가 하나님의 말씀대로 살기 위해 부모님의 말씀을 잘 듣게 되었다면 그 가정에 하나님의 나라가 시작되는 거란다. 같은 가족이 여전히 같은 집에 살고 있지만 예전과는 다른 천국이 되는 것이지. 전에는 거짓말을 아무렇지도 않게 하던 사람이 하나님의 말씀에 따라 그것이 죄인 줄 알고 거짓말을 하지 않게 되었다면 그 사람의 마음은 천국이 되는 거야. 하나님께서 그 사람의 마음을 통치하고 계시거든. 너희 마음속에도 천국이 날마다 넓어지고 자라기를 축복한다.

사랑하는 다니야, 미니야. 하나님의 주권은 닿지 못하는 곳이 없단다. 우리나라에도, 북한 땅에도, 유럽에도, 아프리카에도, 불교 국가나

이슬람 국가에도, 네 마음속에도, 네가 만나는 사람과의 관계에까지도 말이지. 그곳에 하나님의 뜻이 이루어지고 있다면 천국이 되는 거야. 엄만 우리 딸 아들의 마음속에, 너희가 만나는 모든 사람과의 관계 속에, 그리고 너희가 발로 밟는 모든 땅 가운데 하나님의 나라가 시작되고 점점 더 넓어지기를 기도한단다. 너희가 가는 학교, 너희가 만나는 사람, 너희가 장차 속하게 될 직장도 복을 받는 것이지. 왜냐하면 천국이 그곳에서 시작될 테니 말이야. 멋지지 않니? 하나님의 뜻대로 행하는 모든 곳이 하나님의 나라가 되니 말이야. 천국을 날마다 누리고 넓혀가는 멋진 딸 아들이 되기를 축복한다. 사랑해.

·················· 엄마의 기도 ··················

주님, 저희 자녀들이 삶 속에서 늘 천국을 경험하게 하소서. 이 아이들이 만나는 사람과의 관계 속에 천국이 임하게 하시고, 발로 밟는 모든 땅이 하나님의 땅이 되게 하소서. 이 귀한 일이 이루어지도록 저희 자녀들이 하나님의 뜻을 행하며 살게 하소서. 예수님의 이름으로 기도드립니다. 아멘.

✞✞✞

엄만 우리 딸 아들의 마음속에, 너희가 만나는 모든 사람과의 관계 속에,
그리고 너희가 발로 밟는 모든 땅 가운데 하나님의 나라가 시작되고
점점 더 넓어지기를 기도한단다.

PART 4

좋은 성품을 위한 엄마의 축복

"중요한 것은 성공하느냐 실패하느냐가 아니라, 실패했을 때 다시 일어설 수 있느냐이다." 넘어져도 힘을 내어 다시 일어서고, 두려움 없이 도전을 즐기는 우리 딸 아들이 되기를 축복해. 사랑해.

39

"행복에도 유효기간이 있어요?"

긴 행복을 위한 인내도, 소박한 즐거움도 아는 아이가 되렴

"엄마 엄마, 오늘 체육 시간에 모래성을 만들었는데 정말 재밌었어요."

"그래? 운동장이 젖어서 다니가 좋아하는 체육을 못해 어쩌나 했는데 재밌게 놀았구나."

"네. 모래가 촉촉해서 모양이 잘 만들어졌어요. 성도 쌓고, 집도 만들고, 연못에 물도 부었어요. 그런데 길을 만들다 보니까 옆 모둠 아이들이 만든 성하고 연결이 되는 거예요. 그래서 거대한 도시가 만들어졌어요."

"우와~! 멋있었겠네."

"그런데, 좀 아쉬워요. 체육 시간이 끝나고 우리가 교실로 들어가면 다른 애들이 우리 성을 무너뜨릴 것 같아서 그냥 우리가 무너뜨렸거든요."

사랑하는 다니야, 미니야. 행복에도 유효기간이 있나 보다. 모래성의 행복이 한 시간 동안이었던 것처럼 말이야. 한 끼 밥을 잘 먹은 포만감은 배가 다시 고플 때까지 몇 시간쯤 되겠지. 새로 산 장난감으로 얻은 행복은 얼마쯤 지속될까? 핸드폰을 새로 바꾼 즐거움은 몇 달쯤 지속될까? 엄마가 아빠를 만나서 행복한 시간은 아주 길었으면 좋겠구나. 그러고 보면 좋은 사람을 얻은 행복은 꽤 오래 가는 것 같아. 엄마는 너희들이 행복의 유효기간에 맞게 노력하고 인내할 줄 아는 사람이 되기를 축복한다.

우리가 함께 읽은 《마시멜로 이야기》를 기억하지? 달콤한 마시멜로를 지금 당장 먹어 버리면 마시멜로 하나의 행복을 얻는 것이고, 정해진 시간을 참고 기다리면 두 배의 행복을 누릴 수 있었지. 그 기다리는 시간이 어떤 사람에게는 잠시처럼 짧게 느껴질 수도 있고, 또 어떤 이에게는 무척 길게 느껴질 수도 있을 거야. 눈앞에 보이는 마시멜로의 달콤한 향기와 먹음직스러움에 온통 시선이 가 있다면 기다림이 쉽지 않겠지. 하지만 머지않아 누리게 될 두 배의 행복에 마음을 두고 있다면 노래하면서 기다릴 수도 있겠다는 생각이 드는구나. 얻고 싶은 것이 있니? 이루고 싶은 꿈이 있니? 그 행복의 유효 기간이 길다면 그것을 얻기 위해 그만한 인내와 노력을 할 줄 아는 우리 딸 아들이 되기를 축복한다. 우리에겐 한 끼의 밥처럼 지금 바로 채워야 할 것이 있고, 모래성 쌓기처럼 즐거운 놀이도 필요하단다. 하지만 너희가 앞으로 누릴 오랜 행복을 위해 지금의 여유를 잠시 미루고, 마시멜로의 유혹을 참는 우리 아이들이 되었으면 좋겠어. 이 둘 사이에서 적절한 계획과 선택을 하는 지혜가 있기를 축복한다. 사랑해.

엄마의 기도

주님, 저희 자녀들이 날마다 누리는 소박한 즐거움이 있게 하소서. 때론 긴 행복을 위해 지금을 인내하며 노력할 줄도 아는 아이들이 되게 하소서. 주님께서 함께하시면 사람들이 보기에 힘들어 보일지라도 기쁨으로 그 시간을 지나게 하실 줄 믿습니다. 예수님의 이름으로 기도합니다. 아멘.

40

"넘어질 때마다 아프고 힘들어요."

넘어져도 다시 일어나면
시련을 견디는 힘이 생긴단다

스케이트를 신고 쌩쌩 달리는 모습을 보니까 실력이 많이 늘었구나. 너희가 처음 스케이트를 배울 땐 참 많이 넘어졌는데. 제대로 걷지도 못해서 몇 발짝 가다 '쿵', 일어나다 쿵, 어떤 날엔 쿵 소리가 좀 크다 싶더니 아파서 울기도 했지. 그래도 또 다시 일어나 앞으로 나가는 모습이 기특했단다. '쿵' 할 때마다 바라보는 엄마의 가슴도 쿵쿵 내려앉았지만 그렇다고 울면서 안 하겠다고 투덜거리지 않고 계속 도전하는 모습이 자랑스러웠단다. 나중에는 넘어지자마자 곧바로 일어나 앞으로 가던걸? 마치 넘어질 것을 예상했다는 듯이 말야.

사랑하는 다니 미니야, 인생은 도전의 연속이란다. 새로운 걸 배우고, 이루고 싶은 것을 위해 노력하는 과정 모두가 도전이지. 엄만 너희들이 앞으로 살아가는 모든 과정에서 넘어져도 다시 일어나는 단단함이 있기를 기도한단다. 넘어졌다고, 노력했는데 얻지 못했다고, 낙심하거나 포기하는 일이 없었으면 좋겠어. 한 번에 성공하고, 매번 성공한다는 건 오히려 위험할 수도 있단다. 작은 일에 실패해 보지 않은 사람에겐 시련을 견디는 힘이 없거든. 시행착오나 실패의 경험 없이 단번에 무엇을 이루어 내려고 하는 건 한 번도 넘어지지 않고 스케이트를 쌩쌩 타려는 것과 같단다. 그러다 한 번 넘어지면 아프고 창피하다고 스케이트를 벗어버리는 것과도 같지. 실패를 두려워하지 말고 도전을 즐기는 사람이 되기를 축복한다.

'피겨의 퀸'이라 불리는 김연아 선수를 보면 참 아름답지. 화려한 의상을 입고 음악에 맞춰 연기를 할 때면 사람들은 눈을 떼지 못한단다. 점프를 해서 공중 연기를 하고 무사히 착지할 때면 관중들의 박수가 쏟아지지. 하지만 그 아름다움은 관중의 눈에 보이는 날아오름만큼 가벼운 것이 아니란다. 링크 위에서 수도 없이 넘어지고, 많은 부상을 극복하고 얻은 값진 결과지. 한 가지 기술을 성공하기까지는 같은 동작을 연습하면서 수없이 넘어지고 일어서기를 반복한 것이란다. 김연아 선수가 정말 빛날 때는 모든 연기를 완벽하게 마쳤을 때보다 어쩌면 위기를 슬기롭게 극복해 나갈 때라고 할 수 있어. 그녀는 《7분 드라마》라는 책에서 이런 고백을 했단다. "중요한 것은 성공하느냐 실패하느냐가 아니라, 실패했을 때 다시 일어설 수 있느냐입니다." 넘어져도 힘을 내어 다시 일어서고, 두려움 없이 도전을 즐기는 우리 딸 아들이 되기를 축복해. 사랑해.

······································· 엄마의 기도 ·······································

주님, 저희 자녀가 살아가는 모든 과정이 도전이라고 생각합니다. 그 과정에서 실패하고 넘어지는 것을 힘들어하거나 두려워하여 포기하지 않게 하소서. 하나님의 손을 붙들고 다시 일어나 힘차게 달려가는 은혜를 주소서. 그래서 값지게 얻은 열매로 만족하는 은혜가 있게 하소서. 예수님의 이름으로 기도합니다. 아멘.

··

41

"용기 나는 주스 주세요."

어떤 어려움도 이겨내길
엄마가 응원할게

"어휴~ 내일이 '영어 말하기 대회'인데 괜히 신청했나 봐요. 하다가 중간에 잊어버릴까봐 걱정돼요. 너무 떨리구요."
"우리 딸이 많이 떨리는구나. 엄마가 도와줄 게 있을까?"
"그런 주스가 진짜 있었으면 좋겠어요."
"주스? 무슨 주스?"
"며칠 전에 학교에서 '용기 나게 하는 주스 만들기'를 써서 발표하는 시간이 있었거든요. 친구들이 만든 주스를 마시면 왠지 진짜 용기가 날 것 같았어요. 몸에 좋다는 재료가 다 나왔는데요, 인삼, 산삼, 홍

삼, 꿀에다가 과일이란 과일은 다 나왔구요. 백두산에 사는 호랑이 발톱, 독수리 눈, 용 한 마리, 번개 1g… 같은 재료도 있었어요."

"그래? 우리 다니는 무엇을 넣어 만들었니?"

"저는요, '자신감 30g, 좋아하는 연예인 사진 2장, 큰 소리 2번, 여기에 좋아하는 과일을 넣어 잘 갈아서 섞어 마신다'고 했어요."

"우와~, 진짜 아이디어 굿이다. 그걸 마시면 용기가 나겠는 걸?"

사랑하는 다니야, 미니야. 용기가 필요한 순간들이 많이 있지? 언뜻 보기엔 너희들에게 무슨 그리 대단한 일이 있을까 했는데, 가만히 생각해 보니까 아직 어린 너희들의 가슴으로 세상을 대할 때 무엇 때문에 떨리는지, 무엇으로 인해 불안한지 엄마가 조금은 알 수 있을 것 같구나. 시험을 볼 때마다 얼마나 마음에 부담이 되고 때론 피하고 싶을까? 그리고 그 결과를 마주할 때는 또 얼마나 가슴이 떨릴까? 처음 당하는 문제를 어떻게 풀어야 할지 막막할 때도 많을 거야. 새 학년이 되거나 환경이 바뀔 때마다 사람들에게 어떻게 다가가고 새로운 상황에 어떻게 적응해야 할지 당황스럽고 떨리기도 하겠지.

너희가 날마다 어떤 상황에 놓이는지 엄마가 다 알 수는 없단다. 앞으로 살아갈 세상에서 어떤 문제를 만나고 무슨 일이 벌어질지 다 알 수가 없지. 살아간다는 건 어떻게 보면 계속되는 도전이라고 할 수도 있을 거야. 엄마가 그때마다 옆에서 응원해 주고 위로와 힘을 주고 싶지만 그럴 수 없는 순간들이 더 많겠지. 그래서 말야, 우리 딸 아들에게 이런 주스를 만들어 주고 싶구나. 먼저 아주 예쁜 그릇에 '예수'라는 이름을 넣고, 너희를 향한 엄마의 기도와 마음을 단단하게 해줄 성경말씀을 넣어 잘 섞는단다. 그런 후에 엄마의 칭찬과 격려를 크림처럼 얹어 주면 끝이지. 요리 포인트! 재료가 다 없으면 예수만 넣어도 된다. 이 용기 백 배 주스를 마시고 어려운 문제를 만나더라도 당당히 맞서는 우리 딸 아들이 되기를 축복한다. 사랑해!

############################ 엄마의 기도 ############################

주님, 저희 자녀들에게 세상을 살아갈 용기를 주소서. 떠올리면 힘이 되는 말씀을 먹이게 하시고, 날마다 저희 입술에 칭찬과 격려를 담아 위로와 용기를 주게 하소서. 주님께서 주시는 힘으로 세상을 당당하게 살아가는 저희 자녀들 되게 하옵소서. 예수님의 이름으로 기도합니다. 아멘.

##

42

"겸손은 무조건 낮추기만 하는 건가요?"

'내가'가 아닌 '하나님'이라고 말하는 겸손한 사람이 되렴

가을이 깊어 가는구나. 엄마는 가을이 참 좋다. 여름처럼 초록이 짙지 않아도 황금빛 들녘을 보면 어떤 물감으로도 표현할 수 없는 아름다움이 있거든. "벼는 익을수록 고개를 숙인다"는 말이 있지. 벼가 영글기 시작하면 그 껍질 안의 쌀알이 단단해지면서 고개를 숙이게 되는 거란다. 사람도 아는 것이 많고 그 안이 꽉 찰수록 겸손하게 된다는 뜻이지. 이건 겉으로만 머리를 숙이는 걸 뜻하는 것이 아니란다. 안에서부터 우러나오는 생각이 알차야 되는 일이지. 겸손한 사람이 되어라. 최근 뉴스에서 보도되는 일들을 보면 우리의 생명과 안전을 우리의 힘으로 지킬 수가 없다는 걸 깨닫게 되지 않니? "나는 지금까지 건강하게 살아왔다"고 말하는 건 어찌 보면 맞는 말이 아닌 것 같아. "하나님께서 사고와 위험과 질병으로부터 지켜 주셔서 건강하게 사는 것"이란다. "내가 열심히 공부해서 상을 받았다"고 말하기보단 "하나님께서 공부할 수 있는 체력과 지혜를 주셔서 상을 받았다"고 고백하는 우리 딸 아들이 되기를 축복한다. 겸손이란 하나님께서 하신 일을 하나님께서 하셨다고 인정하는 것이란다.

너희가 잘 아는 다윗 왕이 있지. 들에서 양을 치던 다윗을 하나님께서 왕으로 삼으시려고 부르셨단다. 골리앗이라는 상대도 안 되는 거인을 어떻게 다윗이 이길 수 있었을까? 물맷돌이 특별히 크고 단단해서라고? 아니면 다윗의 기술이 좋아서 이겼다고 말할 수 있을까? 정답은 하나님께서 승리하게 하신 거란다. 사울 왕이 다윗을 죽이려고 쫓아다닐 때 그의 생명을 지키시고 마침내 이스라엘의 왕으로 세우신 분도 하나님이시지. 그런데 왕국이 안정되고 강해졌을 때 다윗이 무엇을 했는지 아니? 인구 조사를 시작했단다. 다윗의 마음속 생각은 아마 하나님만 아셨을지도 몰라. 그동안 하나님께서 지키고 인도하신 걸 잊어버리고 자기 힘으로 이루었다고 생각하며 그 백성의 숫자를 헤아려 보려고 했거든. 교만이란 특별히 소리 내어 자기를 자랑하지 않아도 하나님께서 하신 일을 내가 한 것으로 여기는 것이란다. 하나님께서 하신 일을 그가 하셨다고 겸손하게 고백하는 우리 딸 아들이 되기를 축복한다. 사랑해.

하나님께서 하신 일을 그가 하셨다고 고백하는 사람은 자기를 자랑하지 않는단다. 사람들 앞에서 겸손할 수밖에 없지. 그런데 말야, 자기를 무조건 낮추는 것이 겸손은 아니란다. 예쁘다는 칭찬을 들을 때 "아니에요, 안 그래요"라고 말하기보단 "감사합니다" 하고 말하자꾸나. 너희를 만드신 분이 하나님이신데 그의 작품인 너희가 스스로 예쁘지 않다고 말하는 건 겸손이 아니거든. 네가 어떤 일을 잘할 거라고 누군가 칭찬하거든 "아니에요, 저는 잘하지 못해요"라고 말하기보단 "하나님께서 도우시면 할 수 있어요"라고 말하는 것이 참된 겸손이란다. 사랑해.

·········· 엄마의 기도 ··········

주님, 저희 자녀들이 겸손하게 하소서. 하나님께서 하신 일을 인정하는 것이 참된 겸손임을 알게 하소서. 그렇게 할 때 하나님께서 저희를 높이시고 존귀하게 하실 줄 믿습니다. 예수님의 이름으로 기도합니다. 아멘.

43

"화가 날 땐 어떻게 해야 하나요?"

화가 날 땐 먼저 온유함으로
말과 행동을 아끼자꾸나

"왜 그렇게 얼굴이 울그락불그락 하니? 무슨 일 있었어?"
"민수 때문에요. 학원 끝나고 오는데 괜히 놀리면서 웃잖아요. 하지 말라고 했는데도 혼자 킥킥거리면서 계속 그러는 거예요. 내일 학교 가면….."
"그래서 우리 아들이 화가 잔뜩 났구나. 화가 날만도 했겠네."

화날 때가 있단다. 친구가 놀릴 때나 자꾸 우길 때 화가 나기도 하지. 상대방이 내 마음을 알아주지 못할 때, 하고 싶은 걸 할 수 없을 때도 화가 날 수 있단다. 화가 날 때는 어떻게 해야 할까? 그걸 생각하고 행동한다는 것 자체가 쉽지 않기도 해. 화가 나면 말로 뭐라고 막 쏟아붓고도 싶고, 때려주고도 싶고, 내 맘대로 감정이 잘 조절되지 않기도 하지. 그렇기 때문에 어쩌면 더 연습이 필요한지도 몰라. 화가 날 때 하고 싶은 대로 다 말하고 행동하면 후회할 일이 생기거든. 화가 날 때 친구에게 쏟아버리면 거친 말이 나오고, 그러면 그 친구도 똑같이 화가 나게 되고 다툼이 일어나게 되거든. 그러는 중에 서로 몸과 마음에 상처를 주기도 하고 관계가 깨어질 수도 있단다.

화를 다 내면 맘속이 후련해질 것 같지만 잠시 후에는 후회가 밀려온단다. 그 순간에는 너무 화가 나다가도 시간이 지난 후에 생각해 보면 그 일이 작게 느껴지기도 하고, 그 친구의 말을 들어 보면 상황이 이해가 되기도 하거든. 그러고 보면 가볍게 넘길 수 있는 일도 화가 난 채로 행동하면 큰 일이 되는 경우도 있지 않겠니? 화가 날 땐 우선 말과 행동을 아끼자꾸나. 그리고 잠시 후에 네 마음을 표현해 보자. 친구의 어떤 행동 때문에 기분이 나빴는지 진지하게 말을 한다면 진심이 전해질 거야. 친구는 네 마음을 모른 채 그저 장난으로 했을 수도 있거든. 그걸 알고 친구가 사과를 한다면 네 마음도 풀어지지 않겠니? 온유함을 연습하는 우리 아들이 되기를 축복한다.

그렇게 했는데도 혹시 네 진심을 몰라 주거나 상황이 달라지지 않을 수도 있어. 그렇다고 그 일을 갚아 보려고 나쁜 마음을 키워 가거나 잠을 못 자고 계속 화가 나 있으면 몸과 마음이 상하게 된단다. 네가 맘 끓이고 있는 것을 상대방은 모르고 있을 텐데 말이지. 그래서 하나님께서는 해가 지도록 분을 품지 말라고 말씀하셨어. 그건 우리를 위한 말씀이란다. 그렇다고 무조건 참아서 가능한 일은 아니지. 하나님께서 살아 계심을 믿는 사람은 하나님께서 갚아 주시고 풀어 주실 날이 있다는 것 또한 믿기에 할 수 있단다. 화가 날 수는 있지만, 하나님 앞에서 마음을 풀고 사람에겐 정화된 말과 행동을 하도록 연습하자꾸나. 그렇게 온유한 네게 하나님께서 평안을 주시고, 관계 속에서 천국을 누리게 하실 거란다. 사랑해.

·················· 엄마의 기도 ··················

주님, 저희 자녀들이 온유하게 하소서. 화를 내기 전에 생각하고 이해할 수 있는 너그러움을 주소서. 화를 품고 살지 않게 하시고, 하나님 앞에서 풀어 온유한 사람으로 자라게 하소서. 예수님의 이름으로 기도드립니다. 아멘.

44

"인터넷에선 아무 말이나 막 해요."

인터넷에서는 더욱 친구를 아끼며 말을 하렴

"엄마, 오늘 시연이가 학교에 안 나왔어요."

"왜? 무슨 일이 있었니?"

"여자 애들끼리 채팅하는 방이 있는데요. 거기서 시연이를 따돌렸나 봐요. 전에는 같이 잘 다녔는데, 얼마 전부터 무슨 일이 있었는지 네 명이서 시연이한테 막 따지고 그랬대요. 학교에선 서로 아무 말도 안 하다가 집에 가면 스마트폰으로 그러나 봐요."

"그랬구나. 시연이가 많이 힘들었겠다. 그런데 보이지 않는 곳에서 그러면 관계가 다시 좋아지기가 더 힘들 텐데…."

애들아, 인터넷은 잘 사용하면 참 유용한 도구란다. 그 안에서 많은 지식과 정보를 얻을 수도 있고, 다른 사람들과 공유할 수도 있지. 친구들과 수다를 떨면 재미도 있고 말야. 엄마도 요즘엔 쇼핑을 직접 가지 않아도 쉽게 물건을 사니까 참 편리하더구나. 그런데 이곳에서도 예의가 있단다. 자칫 가상공간에서는 자기 이름이나 얼굴이 드러나지 않기 때문에 함부로 비방을 하거나 거친 언어를 사용하기도 하거든. 얼굴을 보면서는 하지 못했을 말들을 너무 쉽게 하는 것 같아. 어쩌면 눈에 보이는 폭력보다 이런 언어가 사람의 마음을 더 많이 상하게 할 수도 있단다. 그런데 그거 아니? 아무도 없는 곳이라도 하나님은 어디든 계시다는 거 말이야. 네가 혼자 있을 때에도 하나님은 함께 계신단다. 이 사실을 기억하는 사람은 그렇게 무례하게 행동하지 않을 것 같아. 비록 가상공간이라고 해도 하나님께서는 너의 말과 행동을 다 알고 계시거든. 하나님 앞에서 하듯 말하고 행동하는 은혜가 너희에게 있기를 축복한다.

그리고 애들아, 인터넷이란 여러 사람 혹은, 모든 사람에게 공개되는 공간이라는 걸 맘에 두고 사용하길 바란다. 인터넷에 어떤 글을 올릴 때는 그것이 과연 모든 사람들에게 공개되어도 되는 것인지 잘 판단하기를 바라. 네가 올린 글이나 사진 때문에 혹시 맘 상하는 친구가 없을지, 친구의 비밀을 무심하게 알리는 일은 아닌지 주의하는 지혜가 있기를 바란다. 함께 공유하면 도움이 되는 정보나 기쁜 소식들은 공유하고, 그렇지 않은 것이라면 비밀을 지켜 주는 신중함이 있기를 축복한다. 하나님 앞에서 말하고 행동하는 것처럼 하면 사람들이 보든 안 보든 항상 인격적일 수 있는 거란다. 사랑해.

.... 엄마의 기도 ....

주님, 저희 자녀들이 항상 하나님 앞에서 살게 하소서. 보이지 않는 공간에서도 예의와 인격을 갖추게 하시고, 여러 사람에게 드러나는 공간에서 지혜롭게 말하고 행동할 수 있는 자녀들 되게 하소서. 예수님의 이름으로 기도드립니다. 아멘.

45

"귀찮은데 내일하면 안 돼요?"

게으름 피우고 싶거든
개미의 부지런함을 배우렴

"아까부터 뭘 그렇게 들여다보고 있니? 30분도 넘게 쪼그리고 앉아 있었던 것 같은데?"

"개미요. 개미가 자기 몸보다 훨씬 더 큰 벌레를 옮기고 있거든요. 혼자 옮겨 보려고 왔다 갔다 하더니 자기 집에 가서 다른 개미들을 데리고 왔어요. 신기해요."

"재밌는 관찰을 하고 있구나. 엄마도 어렸을 때 꼭 너처럼 쪼그리고 앉아서 하루 종일 개미만 들여다본 적이 있었단다. 시간 가는 줄도 모르고 말이지."

하나님께서는 개미에게서 지혜를 얻으라고 말씀하셨단다. 성경에 "개미는 두령도 없고 감독자도 없고 통치자도 없으되 먹을 것을 여름 동안에 예비하며 추수 때에 양식을 모은다"고 하셨지. "개미와 베짱이" 이야기에서 나오는 것처럼 개미는 겨울이 되면 양식을 얻을 수 없다는 걸 알고 여름에 부지런히 모아 둔단다. 너희도 개미처럼 미래를 위해 지금 부지런히 준비하는 지혜가 있기를 바란다. 너희는 지금 잘 먹고 잘 뛰어놀면서 몸이 자라고, 열심히 공부하고 배우면서 마음이 자랄 때란다. 몸과 마음이 자라는 일에 부지런한 우리 딸 아들이 되어라. 그런데 개미는 감독이나 통치자가 없어도 자기 일에 성실하단다. 누가 보고 있어서 하거나 마지못해 하는 게 아니라는 말씀이지. 엄마 잔소리 때문에, 선생님께 혼날까봐 하는 게 아니라 스스로 자기 할 일을 하는 우리 딸 아들이 되기를 축복한다.

오늘 할 일을 귀찮다는 이유로 내일 해야지, 다음에 해야지 하고 미루는 건 게으름이란다. 내일은 내일의 일이 있고, 그 '내일'이라는 것도 늘 있지 않거든. 좀 더 자자, 좀 더 놀자 하다 보면 자기도 모르는 새 후회할 때가 온단다. 그렇다고 하루 종일 쉬지 않고 무언가를 하는 것이 부지런한 건 아니란다. 시간 활용을 잘 해야 하지. 예를 들어 학교에서 40분 수업을 통해 배워야 할 것이 있다고 하자. 그걸 그 시간에 집중해서 듣고 자기 것으로 만든다면 같은 내용에 대해선 반복할 필요가 없겠지. 그런데 그 시간에 딴 생각을 하거나 모르는 게 있는데도 '다음에 다시 하지' 하면 그 사람은 같은 시간을 반복해야 그걸 배울 수 있지 않겠니? 그러면 다른 일을 못 하거나 쉬는 시간을 줄여야 할 수도 있겠지. 공부할 땐 집중해서 하고, 놀 땐 신나게 노는 멋진 아이가 되어라. 게으른 사람은 못 하는 이유와 변명이 많단다. 이게 없어서 못 하고, 저 사람 때문에 못 한다고 핑계 거리를 찾기에 바쁘지. 하지만 부지런한 사람은 할 수 있는 방법을 찾는단다. 부지런한 우리 딸 아들이 되길 축복한다. 사랑해.

엄마의 기도

주님, 저희 자녀들이 부지런하게 하소서. 잘 먹고 잘 뛰어놀아 건강한 몸으로 자라게 하소서. 공부할 때는 집중력을 주셔서 열심히 하는 은혜가 있게 하소서. 그래서 자신의 미래를 준비하는 지혜로운 자녀들 되게 하옵소서. 예수님의 이름으로 기도합니다. 아멘.

46

"엄마, 저 회장이 됐어요."

섬기고, 배려하고, 약속을 지키는 회장이 되렴

"축하해~! 다니가 회장이 되고 싶다고 열심히 준비하더니 소원대로 되었네? 축하한다. 이제 한 학기 동안 좋은 회장님이 되어야겠네?"

다니야, 엄마는 네가 예수님에게서 리더십을 배웠으면 좋겠어. 예수님께서 제자들과 식사를 하실 때 허리에 수건을 매시고 한 명 한 명 발을 씻겨 주신 이야기를 알고 있지? 이스라엘에서는 샌들을 신고 다녔기 때문에 밖에서 들어오면 흙먼지가 많이 묻거든. 그래서 발을 씻어야 했단다. 스승이신 예수님께서 제자들에게 발을 씻고 오라고 하지 않고 조용히 무릎을 구부려 씻겨 주신 것이지. 섬김과 겸손을 몸소 실천하시고 보여 주신 거란다. 예수님처럼 너희에게 맡겨진 사람들을 겸손하게 섬기는 리더가 되기를 축복한다.

언뜻 생각하면 지도자는 목소리가 커야 한다고 생각할 수도 있어. 말로 이것저것 하라고 시키는 자리인 줄 착각할 수 있지. 회장이 되기 전에는 이런저런 공약을 거창하게 내어 놓고 막상 되고 나면 이름만 가지고 있는 무책임한 회장도 있단다. 오히려 공약은 그리 대단해 보이지 않아도 실천할 수 있는 약속을 하고, 지키기 위해 노력하는 리더를 친구들은 신뢰할 거야. 큰 소리로 말하기보다 말에 책임을 지고 성실하게 실천하는 회장이 되어라.

회장은 회의를 이끌어 가면서 학급 친구들의 마음을 모으는 역할을 하지. 공식적인 회의에서나 그렇지 않을 때라도 친구들의 목소리에 귀를 기울여 들을 줄 아는 회장이 되렴. 사람들의 생각을 모으고 결정하는 일은 쉬운 일이 아니란다. 어쩌면 힘들고 짜증나는 일일 수도 있지. 네 생각과 다르다고 귀찮아한다면 말야. 친구가 말을 할 땐 그렇게 생각하는 이유에 귀를 기울여 주고 그 입장을 이해하는 회장이 되기를 바라. 서로 다른 의견들을 절충하면서 좁혀 나가는 과정에서 사람들의 마음을 모으는 것이 지혜란다. 리더십은 쉬운 일이 아니지만 공동체를 하나 되게 하는 귀한 일이지. 하나님께서 네게 지혜 주시기를 기도할게.

네가 몇 십 명의 리더 역할을 잘 감당하면 하나님께서 더 많은 사람들을 맡기실 거란다. 쉬운 방법으로 사람들의 마음을 사거나 힘으로 움직이는 리더는 그때가 지나면 친구들이 더 이상 원하지 않지. 하지만 따뜻한 가슴으로 사람을 섬기는 리더는 그 리더로서의 생명이 길단다. 하나님께서 네게 사람들을 계속 맡기시고, 더 많이 맡기실 것이기 때문이지. 사람들이 하나 되고 위로받고 살아나는 귀한 일들을 하나님께서 네게 계속 부탁하시기를 축복한다. 사랑해.

.... 엄마의 기도 ....
주님, 저희 자녀들에게 사람을 맡기실 때 주님처럼 섬기고 배려하는 리더가 되게 하소서. 따스한 배려로 사람들의 마음을 모으고 움직이는 참된 권위가 있는 리더가 되게 하소서. 예수님의 이름으로 기도합니다. 아멘.
....

47

"엄마랑 저랑 닮았대요."

"너는 예수님 닮았구나."
칭찬받는 하루 되렴

다니 공개 수업이 있는 날 엄마가 학교에 갔었지? 그날 학교에 도착했는데 쉬는 시간에 너희 반 친구가 "다니 엄마죠?" 그러더구나. 그래서 어떻게 알았냐고 물었더니 닮았단다. 그래서 금방 알겠다고 하더구나. 생김새도 그렇지만 너희 행동이나 성품을 보면 아빠 엄마를 참 많이 닮았다는 생각이 들어.

TV를 켜면 축구나 야구를 꼭 보는 아빠. 엄마 눈엔 아무리 봐도 오늘 야구가 어제 그 야구고, 심지어는 몇 년 전 야구도 똑같은데 아빤

본 장면을 또 봐도 재밌고 새롭다고 한단다. 미니도 TV 채널을 돌리다가 스포츠 비슷한 것만 나와도 "엄마, 잠깐만요" 하며 달려오지. 축구선수, 야구선수들의 최근 이적까지 다 꿰고 있는 걸 보면 아빠랑 비슷해. 눈앞에 있는 물건을 못 찾는 것도, 손톱을 깎는 솜씨가 서툰 것도 아빠고, 밥그릇이 멀리 있으면 입을 거기 갖다 대는 것도 어쩜 그렇게 아빠랑 똑같니? 밤엔 잠을 안 자려고 늦게까지 실랑이를 벌이는 다니, 그러고는 아침엔 못 일어나는 것이 꼭 엄마야. 새로운 환경에 적응하는데 시간이 걸리는 것도, 한꺼번에 여러 가지 일을 못 하고 계획을 세워 하나씩 처리하는 스타일도 엄마를 많이 닮은 것 같아. 그런데 너희한테서 엄마 아빠의 모습을 발견할 때마다 왜 그리 마음이 기쁘고 흐뭇한지 모르겠다. 물론 싫은 짓을 할 땐 그러지. "쟨 누굴 닮아 저래?" 그러면 엄마 아빠 동시에 외친단다. "난 아냐!"

하나님의 딸 다니야, 하나님 아들 미니야. 너희 안에 아빠 엄마의 모습이 있는 것처럼 하나님께서는 너희를 만드실 때 그분의 성품을 넣어주셨단다. 그리고 그 모습이 보일 때마다 기뻐하시고 흐뭇해하시지. 엄마 아빠가 그러듯이 말이야. 남을 사랑할 때, 오래 참아 줄 때, 긍휼을 나타낼 때, 너희에게서 하나님의 성품이 보인단다. 착한 행동을 할 때, 온유하게 사람을 대할 때, 절제하는 모습이 보일 때마다 하나님께서는 "나를 닮았구나" 하시며 기뻐하실 거란다. 쉽게 사랑하기 힘든 사람을 '원수까지 사랑하라'고 하신 하나님을 생각하며 용서하고 사랑하게 되었다면 아마 크게 손뼉을 치며 칭찬하실 거야. "잘했구나. 역시 내 딸이야. 역시 내 아들이야."

미운 마음이 생기게 하는 친구가 있을 수도 있단다. 그럴 땐 너희 안에 있는 사랑이 미움을 이길 수 있도록 하나님께서 도우실 거야. 절제가 필요할 때도 하나님의 도우심을 구하자꾸나. 너희에게서 그런 성품이 보일 때마다 기쁨을 감추지 못하실 하나님께서 얼마든지 도와주실 거란다. 사랑해.

엄마의 기도

자녀들을 바라보시며 기쁨을 감추지 못하시는 아버지. 하나님의 성품이 저희 자녀들을 통하여 나타나게 하소서. 사람들이 저희 자녀들을 바라볼 때마다 하나님의 성품을 발견하게 하시고, 그래서 하나님께 영광이 되게 하소서. 예수님의 이름으로 기도드립니다. 아멘.

48

"좋아하는 친구가 생겼어요."

성性은 결혼한 가정 안에서 아름답단다

"엄마, 오늘 보건 시간에 상원이 때문에 얼마나 웃었는지 몰라요."

"왜? 개그맨 상원이가 또 우스운 말을 했니?"

"아뇨. 지난주에 보건 선생님께서 성교육을 해주셨거든요. 오늘 시작하기 전에 상원이가 자기 자리에선 텔레비전이 잘 안 보인다고 앞으로 가서 앉는 거예요. 그런데 오늘은 성교육이 아니라 구강교육이었어요. 그래서 애들이 키득키득 거리면서 웃었는데요, 선생님께서 상원이가 이렇게 수업에 집중하기는 처음이라고 하셔서 다들 빵 터졌어요."

너희 나이는 성에 대해 관심이 많을 때지. 남자와 여자의 신체적 특징이 두드러지는 시기이기도 하고, 이성에 대해 궁금해지기도 하고, 좋아하는 사람이 생기기도 하지. 자신의 신체에 변화가 생겼다고 해서 이상하게 여기지 않기를 바란다. 그건 자연스런 성장의 과정이거든. 그러니까 오히려 감사해야 하는 것이지. 네가 잘 자라고 있다는 얘기거든. 그런데 바른 과정을 통해 성을 배우고 이해하는 것이 중요하단다. 학교 수업시간이나 책을 통해서 배우기도 하고, 혹은 엄마 아빠의 이야기를 통해 궁금한 걸 알아가는 건 좋은 일이지. 지난 달 서점에 갔을 때 너희들 스스로 성교육 책을 고르도록 했었지? 너희가 궁금한 성을 스스로 책에서 찾고 과학적으로 잘 이해하기를 원해서 그랬단다. 궁금하고 호기심이 생긴다고 부끄러운 방법으로 성을 알아가면 성은 아름다운 것이 아니라 창피하고 이상한 것으로 여겨진단다. 하나님께서 만드신 남자와 여자의 신비함을 바르게 알아가는 은혜가 너희에게 있기를 축복한다.

애들아, 성(性)은 소중한 것이란다. 그래서 서로 존중해 주고 말과 행동으로 누군가를 불쾌하게 하거나 무례하게 해서는 안 되는 거야. 남자와 여자가 서로 신체적으로 다르다는 걸 이해했다면 서로 더 많이 배려해 주어야 하는 것이란다. 그리고 성은 가정 안에 있을 때 아름다운 것이란다. 하나님께서는 결혼이라는 과정을 통해 아빠 엄마에게 가정을 주시고 그 안에서 너희가 태어난 것처럼 말이지. 이성을 좋아하고 친구로 사귈 수도 있지. 하지만 장차 너희를 위해 가정을 이루어 주시기까지 감정과 행동을 절제하는 것도 필요하단다. 자기의 가정을 스스로 세울 수 있는 준비가 되기까지 지금 너희가 할 일에 더 힘쓰고 부지런하기를 축복한다. 건강하게 자라고, 부지런히 배우면서 바른 인격을 갖춘 아름다운 여인으로, 멋진 남자로 자라가는 우리 딸 아들이 되기를 축복한다. 그리고 그거 아니? 엄마는 장차 너희가 만날 배우자를 위해서도 이미 기도하고 있단다. 왜냐하면 좋은 배우자를 만나 천국 같은 가정을 이루는 건 큰 복이거든. 사랑해.

················· 엄마의 기도 ·················

주님, 저희 자녀들이 하나님께서 만드신 남자와 여자의 신비를 바르게 알아가는 은혜가 있게 하소서. 아름답고 성결하게 자라게 하시고, 하나님께서 만드신 결혼과 가정의 소중함을 알게 하소서. 저희 자녀들에게 장차 사랑이 가득한 남편을, 현숙한 아내를 예비해 주소서. 예수님의 이름으로 기도합니다. 아멘.

49

"엄마 떡볶이가 제일 맛있어요."

작은 것도 좋아해 줄 때
엄마는 더 주고 싶어진단다

지난겨울에 엄마가 다니에게 스웨터를 떠서 입혔지? 실은 그걸 떠 놓고는 좀 망설였단다. 즐거워서 뜨기는 했는데 처음 솜씨라 모양이 투박해서 입으라고 하기가 좀 미안했거든. 그런데 다니가 그걸 입고는 좋아하면서 학교에 갔더니 친구들이 '예쁘다' 그랬다고, 엄마가 떠 주신 것이라 부러워한다면서 즐겨 입는 걸 보고는 엄마 마음이 무척 기뻤단다. 그래서 봄에는 예쁜 조끼와 발 토시를 떴지. 그걸 입고 신은 우리 딸 모습은 모델 같았단다. 좋아해 줘서 고마워. 다니야, 오늘 엄마가 미니한테 물안경을 사주었어. 물안경 끈이 끊어졌는데, 미니가 지금은 배영을 배우는 중이라 물안경이 없어도 불편하지가 않다는 거야. 그런데 필요할 것 같아 오늘 나가서 사왔지. 렌즈가 거울처럼 반사되는 것으로 말이야. 그랬더니 미니가 그걸 보고는 멋있다고, 폼 난다고, 어른 사이즈인데 꽉 끼는 걸 보니 자기 머리는 역시 큰가 보다고 그러면서 얼마나 좋아하는 줄 아니? 그걸 쓰고는 세면대에 물을 받아서 담가도 보고, 수영장에 가면 자기 것이 제일 빛나겠다고 하더니, 글쎄 저녁에는 그걸 쓰고 샤워를 하는 거야. 엄마 눈에 얼마나 사랑스러웠는지 모른단다.

애들아, 엄마는 너희가 그렇게 좋아해 줄 때마다 더 주고 싶어진단다. 간식 하나 해주면 그걸 핸드폰으로 찍고 좋아하며 먹는 모습에 엄마는 마음의 배가 부른 것 같아. 그렇지 않더라도 좋은 것이 있으면 주고 싶고, 맛있는 걸 보면 먹이고 싶고, 좋은 곳엔 데려가고 싶은 것이 엄마의 마음이거든. 그런데 그런 것을 하나 받을 때마다 폴짝폴짝 뛰면서 좋아하고, 고맙다고 뽀뽀해 주고, 그 마음을 표현해 주면 엄마는 더 많은 걸 주고 싶어져. 그 모습이 또 보고 싶어서 말이지. 앞으로도 누가 선물을 주거든, 칭찬의 말을 듣거든, 작은 것 하나라도 배려를 받은 일이 있거든 지금처럼 감사와 기쁨의 마음을 꼭 표현하는 우리 딸 아들이 되기를 축복한다.

사랑하는 다니야, 미니야. 엄마는 너희가 복을 많이 받아 누리기를 늘 기도하고 축복해. 그런데 그 복은 하나님께서 주시는 거란다. 상상을 해보렴. 하나님께서 너희에게 하나를 주셨는데 너희가 기뻐하고, 그걸 가지고 보고 또 보면서 좋아하고, 감사하다는 표현을 한다면 얼마나 마음이 흐뭇하실까? 그 모습을 보고 싶으셔서 얼마나 또 주고 싶어 하실까? 하나님 마음이 그러시단다. 특별한 이벤트가 아니더라도 매일 너희의 삶을 둘러보면 감사할 일이 참 많지 않니? 주신 그것에 감사하자. 그러면 하나님께서 복을 계속 부어 주실 거란다. 너희의 매일은 선물처럼 특별한 날들이 될 거야. 사람들에게서 사랑과 은총을 받는 것도 하나님께서 주시는 복이란다. 하나님 앞에서 은총을 받아 사람들 앞에서도 사랑스러워 보이는 우리 딸 아들이 되기를 축복한다. 사랑해.

······················· 엄마의 기도 ·······················

주님, 저희 자녀들에게 복을 주셔서 감사합니다. 저희가 하나님께 받은 것인 줄 알아 감사하며 기뻐하게 하소서. 누구에게든지 받은 것을 감사하며 즐거워하여 또 주고 싶은 마음을 일으키는 사랑스러운 아이들이 되게 하소서. 예수님의 이름으로 기도드립니다. 아멘.

50

"거짓말은 정말로 드러나요?"

정직함으로 얻은 당당함도
분별력 안에서 누리렴

다니야 미니야, 우리가 사용하는 말들 중에 '정말, 진짜'라는 말이 참 많이 사용되는 것 같지 않니? '진짜 재밌었어요' 하면 그냥 '재밌었어요'는 가짜처럼 여겨지거나, '정말 감사합니다' 하면 그냥 '감사합니다'는 마치 진심이 아닌 것같이 느껴지지. 그럴 땐 '무척 재밌었어요' 하거나, '~해주셔서 감사합니다' 하고 구체적으로 말하는 것이 좋을 것 같구나. 그리고 보면 우리가 사는 세상에 얼마나 가짜와 거짓이 많으면 사람들이 그런 말을 앞에 자주 붙일까 하는 생각이 드는구나. 사람들은 거짓말쯤이야 다들 하고 사는 거라고 말을 하기도 하지. 많은

사람이 자주 하는 것이라고 가볍게 여길 수도 있단다. 하지만 하나님께서는 거짓말이 다른 죄보다 가볍다고 말씀하신 적이 없거든. 사탄은 '거짓의 영'이라고 불리는 것처럼 거짓말을 아주 좋아하지. 거짓말하는 사람을 자기 종으로 삼아 죄를 짓게 한단다. 거짓의 영이 너희를 움직이지 못하도록 진리의 영이신 예수님께서 너희 마음과 생각을 지켜 주시기를 축복한다.

난감한 상황을 거짓말로 넘기면 사람들이 속아 주고 내 맘대로 세상을 움직일 것 같기도 하지. 하지만 거짓은 반드시 드러난단다. 그리고 그 거짓이 드러나면 부끄러움을 당하고, 거짓말을 자주 하는 사람의 말은 양치기 소년의 말처럼 더 이상 사람들이 믿어 주지 않게 되지. 언뜻 보기엔 필요할 때마다 쉽게 거짓말로 넘기는 사람이 자유로워 보일 수 있어. 하지만 그 거짓을 가리기 위해 또 다른 거짓말을 계속 만들어내야 하거든. 그러다 보면 그 거짓말의 성 안에 자기 스스로 갇히게 되지. 답답하고 힘들지 않겠니? 반면에 하나님 앞에서 정직한 사람은 자신을 감출 것이 없기 때문에 사람들 앞에서도 당당할 수가 있어. 그게 진정한 자유란다. 정직함으로 자유롭게 사는 우리 딸 아들이 되기를 축복한다. 사랑해.

그런데 이 정직함이란 자기가 아는 모든 것을 말해야 하는 것이 아니란다. 그건 오히려 어리석은 일이지. 정직을 핑계로 친구의 비밀을 함부로 말하거나 우리 가족끼리만 알고 있으면 좋은 일을 굳이 다른 사람에게 말하는 건 어리석은 일이겠지. 진실은 생각 없이 모든 걸 다 드러내는 것이 아니란다. 이런 분별력과 지혜가 너희에게 있기를 축복한다. 혹시 거짓말을 한 일이 있거든 너희는 하나님의 자녀이기 때문에 성령님께서 깨닫게 하실 거야. 그럴 땐 더 가리려 하지 말고 예수님 앞에서 회개하는 용기가 너희에게 있기를 바란다. 거짓말을 안 하고 산다는 건 쉬운 일이 아니지. 그래서 우리에겐 하나님의 은혜가 필요한 거야. 하나님께서 너희 마음과 생각을 지키셔서 정직하고 당당하게 살기를 축복한다. 사랑해.

······················· 엄마의 기도 ·······················

진리의 영이신 예수님, 저희 자녀들이 정직하게 살 수 있도록 도와주소서. 정직함으로 주님께서 주시는 평강과 자유를 누리며 사는 자녀들 되게 하소서. 예수님의 이름으로 기도드립니다. 아멘.

+++

거짓말을 안 하고 산다는 건 쉬운 일이 아니지.
그래서 우리에겐 하나님의 은혜가 필요한 거야.
하나님께서 너희 마음과 생각을 지키셔서 정직하고 당당하게 살기를 축복한다.

PART 5

친구 관계를 위한
엄마의 축복

너희가 오늘처럼 생장을 받아 있는데 엄마가 엄마처럼 생이 날까? 아니면 기쁠까? 아마 너희들보다 더 기쁠 거란다. 왜냐하면 사랑하기 때문이지. 진정한 우정은 기쁨을 함께해 주는 것이란다. 친구가 웃을 때 함께 웃어줄 수 있는 넉넉함이 너희에게 있기를 축복한다. 사랑해.

51

"친구를 사귀려면 어떻게 해요?"

기쁨도 슬픔도 함께 나누면
친구도 너도 행복하단다

오늘 다니가 상장을 받아서 무척 기쁘구나. 다니가 상을 받을 때 엄마가 미니한테도 같이 선물을 주고, 미니가 상을 받을 때도 두 사람 모두에게 선물을 하는 데는 이유가 있단다. 누나에게 좋은 일이 미니에게도 기쁨이 되고, 미니에게 신나는 일이 다니에게도 즐거움이 되기를 바라는 마음에서란다. 엄만 너희가 함께하는 사람들의 기쁨과 슬픔을 알고 공감할 줄 아는 가슴 따뜻한 사람이 되었으면 좋겠구나. 사람은 내 마음을 알아주는 누군가를 만나면 위로와 기쁨을 얻지. 그래서 친구가 필요한 거란다. 내가 좋아하는 걸 같이 좋아해 주고, 내가 힘들 때 내 말을 들어주고, 내가 바라는 걸 이해해 주는 친구가 있다면 행복한 사람이지. 친구가 내 말에 공감해 주면 위로가 되고, 계속 함께하고 싶어진단다. 따뜻하거든. 굳이 사람의 마음을 얻으려 애쓰지 않아도 그런 사람에게는 친구하고 싶다고 다가오게 되어 있지. 가슴이 따뜻한 우리 딸 아들이 되기를 축복한다.

학교생활을 하다 보면 아이들과 잘 지내는 친구도 있지만, 다툼을 일으키는 친구도 있을 거야. 가만히 보면 다툼을 자주 일으키는 친구는 자기의 생각대로 행동을 하면서 상대방의 감정이나 마음을 잘 읽지 못하는 경우가 많단다. 친구의 기분이 좋은지 나쁜지 표정을 살필 줄 모르고, 장난을 걸 때도 자기는 장난인데 그 친구가 지금 장난을 받을 상황인지 생각을 하지 않는 경우가 많지. 자기는 나쁜 의도로 한 말이 아니라고, 그냥 장난으로 해본 행동이라고 하지만 그 말과 행동이 얼마나 상대방의 마음을 상하게 하는지, 상처가 되는지를 모르는 경우가 많단다. 그런데 막상 입장을 바꾸어 자기에게도 똑같이 하면 어떻겠냐고 물으면 싫다고 하지. 그래서 예수님께서는 대접받고 싶은 대로 남을 대접하라고 하신 것 같아. 예수님은 우리를 어쩜 그렇게 잘 아실까?

그런데 애들아, 친구가 힘들 때 위로해 주는 것은 어쩌면 쉬울지도 몰라. 슬픔을 당한 친구를 보면 누구나 위로하고 싶은 마음이 생기게 마련이거든. 하지만 좋은 일이 생겼을 때 함께 축하해 주는 건 쉽지 않을 수도 있어. 친구가 상을 받거나 좋은 일이 생겨서 기뻐할 때 박수를 쳐 주는 건 진심으로 아끼는 맘이 있을 때만 가능한 일이거든. 예를 들어 너희가 오늘처럼 상장을 받아 왔는데 엄마가 샘이 날까? 아니면 기쁠까? 아마 너희들보다 더 기쁠 거란다. 왜냐하면 사랑하기 때문이지. 진정한 우정은 기쁨을 함께해 주는 것이란다. 친구가 웃을 때 함께 웃어줄 수 있는 넉넉함이 너희에게 있기를 축복한다. 사랑해.

엄마의 기도

주님, 저희 자녀들이 친구가 힘들어할 때 위로해 주는 가슴 따뜻한 사람이 되게 하소서. 친구가 기뻐할 때 함께 웃어 주는 마음 넉넉한 사람이 되게 하소서. 예수님처럼 가슴 깊이 공감할 줄 아는 좋은 친구가 되게 하소서. 예수님의 이름으로 기도드립니다. 아멘.

52

"선생님의 말씀은 왜 잘 들어야 해요?"

선생님을 존경하면
지식과 지혜를 함께 배운단다

 미니야, 언젠가 너희 담임선생님을 찾아뵈었을 때 그러시더구나. 네가 세상에서 가장 존경하는 분이 '아빠, 엄마'라 그랬다고. 참 기쁘고 고마웠단다. 아빠 엄마를 존경해 준다는 사실 그 자체도 기쁘지만, 누군가를 존경한다는 건 그 사람의 가르침을 듣겠다는 마음의 표현이거든. 아빠 엄마는 세상 누구보다 너희를 아끼고 사랑한단다. 너희가 잘되기를 가장 바라고, 그래서 하고 싶은 말, 주고 싶은 삶의 지혜가 많이 있지. 가장 좋은 것으로 주고 싶은 아빠 엄마의 말을 듣고 순종하면 너희가 잘되고, 삶의 지혜를 많이 배울 수가 있단다. 반대로 들으려고 하지 않는다면 귀한 것을 놓칠 수가 있지. 그리고 부모님과의 바른 관계는 다른 사람들과 건강한 관계를 맺기 위한 시작이란다.

부모님의 말씀을 듣고 순종하는 사람은 하나님께서 세우신 다른 권위도 인정하는 사람이 될 거야. 하나님께서 세우신 권위가 많이 있지만, 특별히 선생님의 권위를 인정하는 너희가 되기를 축복한다. 선생님은 너희에게 필요한 지식과 좋은 가르침을 주시는 분이란다. 하나님께서 너희를 위해 선생님을 세우셨다는 사실을 아는 사람과 그렇지 않은 사람은 배움을 얻는 정도가 다르겠지. 선생님의 권위를 인정하고 따르는 사람은 그의 가르침을 잘 받을 테고, 그러면 많은 지식을 얻을 뿐 아니라 지식을 넘어선 삶의 지혜도 배울 수 있단다. 하지만 선생님이 좀 맘에 안 든다고 그의 권위를 인정하지 않으면 배울 것이 없다고 생각할 테고, 그 사람은 많은 시간을 허비하게 되겠지. 선생님의 가르침을 잘 받는 딸 아들이 되기를 축복한다.

다윗은 사울 왕으로부터 목숨의 위협을 받으며 쫓기다가 캄캄한 동굴 안에서 그를 죽일 수 있는 기회를 얻었단다. 어쩌면 자기를 죽이려고 쫓아오는 사울을 먼저 죽여야 자기가 살 수 있는 상황이었지. 하지만 다윗은 한 나라의 왕을 세우신 분이 하나님이시라는 걸 인정했지. 그래서 하나님께서 일하시도록 맡기고 자기의 힘으로 그를 해치거나 왕의 자리에서 끌어내리려고 하지 않았단다. 물론 하나님께서는 다윗의 생명을 지켜 주셨고, 사울 대신 그를 왕으로 세우셨지. 하나님께서 원하시는 삶의 질서와 방식이란다.

사랑하는 다니야, 미니야. 앞으로 만날 많은 사람들과의 관계 속에서 특별히 지도자의 권위를 인정하는 사람이 되어라. 혹시 그 사람에게서 부당한 모습이 보이더라도 억지로 그 지위에서 끌어내리려고 하거나 사람들에게 그의 허물을 밝히려 하지 말고 하나님께 기도하자. 그가 갚아 주시고, 일하실 거란다. 그 믿음을 가지고 기다리는 지혜로운 딸 아들이 되기를 축복한다. 사랑해.

………………………… *엄마의 기도* …………………………

사랑하는 주님, 저희 자녀들이 부모님을 공경하면 이 땅에서 잘되고 장수하리라는 말씀을 따라 살게 하소서. 선생님의 권위를 인정하고 그 가르침을 잘 받아 삶의 지식과 지혜를 많이 얻게 하소서. 하나님께서 세우신 권위와 질서 속에서 사는 지혜로운 자녀들 되게 하옵소서. 예수님의 이름으로 기도드립니다. 아멘.

53

"우리랑 다르게 생겼어요."

'다름'에서 배우고, '같음'을 나누면 좋은 친구가 될 거란다

"엄마, 저희 반에 오늘 새 친구가 전학 왔는데요, 아빠가 파키스탄 분이래요."

"그래?"

"이름도 다섯 글자고요, 좀 다르게 생겼어요. 눈도 크~고 머리도 곱슬곱슬한데, 말은 그냥 한국 사람처럼 해요. 신기해요."

다니야, 미국 월마트에 갔을 때 기억나니? 엄마랑 함께 화장품이 진열된 곳을 둘러보다가 우린 깜짝 놀랐었지. 한국에선 얼굴에 바르는 화장품 색깔이 3가지 정도가 있거든. 밝은 베이지, 보통 베이지, 어두운 베이지. 한 마디로 베이지 색상이면 우리나라 사람들의 피부에 다 맞는다는 얘기지. 그런데 그곳엔 아주 밝은 아이보리 색상부터 베이지, 핑크, 그리고 어두운 갈색까지 언뜻 봐도 십수 가지가 넘었었지. 사람들의 피부색이 그만큼 다양하다는 걸 알 수 있었지 않니?

세상엔 다양한 피부색, 다양한 언어, 다양한 환경과 문화가 있단다. 같은 언어를 가진 사람도 생각은 다르고, 비슷한 피부색을 가진 사람도 얼굴의 생김새는 다 다르지. 같은 문화 속에 살아도 경험하는 것이 다르기 때문에 느끼고 판단하는 것이 다르게 마련이란다. 나와 외모가 다르다고 이상하게 보거나 내 생각과 다르다고 해서 틀렸다고 생각하는 일이 없기를 바란다. 세상 모든 사람은 하나님의 고유한 '작품'이거든. 모두 아름다운 하나님의 솜씨란다. 그리고 사람마다 자란 환경이 다르고 경험한 것이 다르면 같은 문제에 대해서도 해석하고 대처하는 방법이 다르기 마련이지. 내 생각과 다르다고 틀렸다고 말하는 건 어리석은 일이란다. '다름'을 '틀림'으로 오해하는 일이 없었으면 좋겠구나.

나와 다르게 생각하는 사람들에게서 그렇게 생각하는 이유를 알고, 좋은 점을 발견하여 너희 것으로 학습하는 지혜가 있기를 축복한다.

그러면 너희가 품는 사람들은 훨씬 많아질 것이고, 너희가 경험하는 세상은 훨씬 더 넓어질 거란다. 그런데 말야, 그렇게 달라 보이는 사람들 사이에도 가만히 보면 공감할 수 있는 '공통점'이라는 것이 있단다. 그걸 발견하면 누구나 친구가 될 수 있을 거야. '다름' 속에서 좋은 걸 찾아 배우고, '같음'을 찾아 공감할 수 있다면 세상에 품지 못할 사람이 없지 않을까? 다양함 속에서 더 많은 걸 배우고 경험하는 우리 딸 아들이 되기를 축복한다. 사랑해.

엄마의 기도

저희 자녀를 만드시고 만족스러워하신 주님, 감사합니다. 주님께서 만드신 모든 사람을 주님의 작품으로 볼 줄 아는 저희 자녀가 되게 하소서. 생김새나 생각이 다를 때 그것을 인정해 주고, 그 안에서 좋은 점을 발견하여 겸손히 배우는 자녀들 되게 하소서. 그래서 더 많은 사람들을 품고, 더 넓은 세상을 경험하게 하소서. 예수님의 이름으로 기도합니다. 아멘.

54

"친구를 고칠 방법이 없을까요?"

따뜻한 관심이,
친구의 거친 행동을 바꾼단다

미니가 쓴 동화가 엄마에게 무척 감동을 주는구나. 학급문집에 실을 글이라고 했지? 읽는 사람마다 미니의 글에 감동이 될 것 같아. 우리 미니가 멋진 작가가 되겠는 걸?

❋ ❋ ❋

사랑의 왕 미니

옛날에 미니라는 왕이 있었어요. 그는 아주 지혜롭고 백성들도 그를 좋아해서 사랑을 한 몸에 받았지만 그에게도 고민이 있었어요. 바로 딸인 혜진 공주였어요. (너희 반의 터프한 여자 아이의 이름이라고? 하하.) 혜진 공주는 성격이 아주 거칠었어요. 미니 왕은 공주의 버릇을 고치려고 여러 가지 방법을 써 보았어요. 높은 탑에 가두어 놓으면 변할 거라 생각했죠. 하지만 오히려 공주의 성격은 더 거칠어졌어요. 이번에는 하루 동안 밥을 안 주기로 했어요. 그러면 배가 고파 힘을 못 쓰고 말을 잘 들을 거라 생각했거든요. 하지만 그것도 착각이었어요. 성격이 더 거칠어졌거든요. 마침내 미니 왕은 마지막 방법을 생각해 냈어요. 바로 '사랑'이었지요. 미니 왕은 공주를 열심히 돌봐 주고 사랑해 주었어요. 그러던 어느 날 혜진 공주의 몸에서 얼음덩어리가 나온 거예요. 바로 마녀가 집어넣었던 것이지요. 처음에 마녀가 넣은 얼음덩어리는 아주 조그만 것이었어요. 그래서 사람들이 조금만 따뜻하게 대해 주었어도 금방 녹았을 거예요. 그런데 사람들의 차가운 행동 때문에 점점 자라 큰 얼음덩어리가 되었답니다. 공주를 사랑으로 고친 그 후로 사람들은 미니 왕을 '사랑의 왕 미니'라고 불렀답니다.

❉❉❉

우리 미니는 사람을 어떻게 사랑해야 하는지 이미 알고 있는 것 같구나. 행동이 거친 친구를 차갑게 대하는 것이 아니라 따뜻한 관심을 주어야 달라질 거라는 걸 말이지. "사랑의 왕 미니"라는 제목에서 사랑이 가득한 사람이 되고 싶어 하는 너의 마음도 알 수 있었단다. 그래

미니야, 사람의 마음이나 행동을 녹이고 변화시키려면 강한 힘이 필요한 것이 아니란다. 공주의 버릇을 고치기 위해 높은 성에 가둔 것처럼 더 강하게 대하면 달라질 거라 생각할 수 있지. 그 사람의 행동을 뜯어고치려고 열심히 지적하고 비판하면 변할 것이라 생각할 수도 있어. 하지만 그런 방법은 사람의 마음을 움직이기 힘들고, 오히려 더 닫히게 할 수 있단다. 네가 말한 것처럼 차갑게 대할수록 그 마음속에 있는 얼음덩어리를 더 크게 할 따름이지. 강하게 대해서 행동이 금방 달라진 것 같아 보일 때도 사실은 마음이 달라진 게 아니라 겉모양만 그렇게 보일 수 있는 거란다. 당장에는 그 상황을 피해야 하기 때문이지. 따뜻한 사랑만이 차가운 가슴을 녹일 수 있단다. 친구의 거친 말이나 행동에 똑같이 대하지 않고, 따스한 말과 친절한 행동으로 변화시킬 수 있는 지혜로운 사람이 되기를 축복한다.

엄마의 기도

사랑의 주님, 저희 자녀들이 친구의 말과 행동을 고치려고 그를 비판하거나 더 강하게 대하는 어리석음을 범치 말게 하소서. 따스한 말과 사랑의 손길로 그의 마음을 녹일 줄 아는 지혜로운 자녀들 되게 하소서. 그래서 사람들과의 관계 속에서 천국을 누리게 하소서. 예수님의 이름으로 기도드립니다. 아멘.

55

"엄마, 마음에 바르는 약도 있나요?"

친구가 힘을 얻고
마음이 살아나는 말을 해주렴

운동을 좋아하는 우리 미니. 매일 축구하고, 야구하다가 요즘엔 보드를 배우느라 무릎이 성할 날이 없구나. 그렇게 다친 자리가 채 아물기도 전에 또 깨지고 상처가 나는데도 계속 새 살이 돋는 걸 보면 참 신기하다는 생각이 든단다. 그런데 상처는 눈에 보이는 곳에만 있는 것이 아니라는 생각이 드는구나. 마음에 난 상처도 있거든. 몸에 난 상처는 약을 바르면 아무는데 마음에 난 상처에 바르는 연고는 없을까?

몸에 난 상처는 아파서 금방 알기도 하고 시간이 지나면서 점점 아물어 가지. 그런데 마음에 난 상처는 쉽게 보이지도 않고 아픈 줄도 모르다가 시간이 지날수록 오히려 점점 더 아파오기도 한단다. 그 마음의 상처는 '말'로 생기는 경우가 많지. 말을 할 때 사람에게 상처를 주고 사람의 힘을 빼는 사람이 있단다. 그런가 하면 다른 사람을 위로하고, 치료하고, 살리는 말을 하는 사람도 있지. 엄만 너희가 사람이 힘을 얻고, 그래서 마음이 힘들다가도 다시 살아나는 '생명력 있는 말'을 했으면 좋겠구나. 허물을 드러내는 말이나 욕을 들으면 그때는 멋쩍어서 괜찮은 척할 수도 있지. 하지만 그런 말은 생각할수록 화가 나고 마음이 아파온단다. 내가 한 말이 누군가를 찌르고 아프게 한다면 안 되겠지. 사람을 살리는 말을 하는 우리 딸 아들이 되어라.

사랑하는 다니야, 미니야. 혹시 친구에게서 들은 말로 상처 받거나, 생각하면 미운 마음이 생기는 그런 일이 있니? 그 일로 더 이상 힘들어하지 않기를 바란다. 하나님께서는 너희가 독이 담긴 말을 들을지라도 그 말이 너희에게 해를 끼치도록 허락하지 않으신단다. 나쁜 말은 듣는 사람이 아니라 그 말을 한 사람에게 이루어지거든. 그러니 오히려 그 말을 한 친구를 위해 기도해 주어야 할 것 같아. 그 사실을 모르고 했을 테니 말이야. 마음속에 아파하던 말이 있다면 하나님의 말씀이 연고처럼 싹 덮여져 낫는 은혜가 있기를 축복한다.

그런데 얘들아, 예전엔 어떤 말을 들으면 상처가 되었는데 이젠 똑같은 말을 들어도 더 이상 힘들지 않을 때가 있단다. 하나님의 사랑이 너희 안에 가득하면 말이지. 하나님의 사랑의 언어는 너희 맘에 쿠션과 같아서 험한 말을 들어도 그것이 튕겨 나가거든. 악한 말은 어쩌면 상처와 열등감이 많은 사람의 입에서 나오는 경우가 많단다. 그런 친구가 있다면 하나님의 사랑을 알도록 기도해 주자꾸나. 엄만 우리 딸 아들이 혹시 친구에게서 거친 말을 듣더라도 너무 힘들어하지 않고 툭툭 털어버릴 수 있는, 마음이 건강한 사람으로 자라기를 축복한다. 사랑해.

············· 엄마의 기도 ·············

주님, 저희 자녀들 안에 주님의 사랑이 가득하게 하소서. 그 사랑에서 나오는 면역력으로 인해 사람들의 말에 상처 받지 않게 하소서. 그 사랑의 언어로 다른 사람에게 힘과 위로를 주고 영혼을 살리는 자녀들 되게 하소서. 예수님의 이름으로 기도드립니다. 아멘.

56

"아랫집에서 전화 안 왔어요?"

서운하고, 화나서 싸우기 전에
먼저 말을 걸어보렴

"엄마, 요즘엔 아랫집에서 전화가 안 오는 것 같아요."
"그래. 역시 그때 찾아가기를 잘한 것 같구나."

아파트에는 여러 가구가 함께 산다는 것을 생각해야 한단다. 그렇다고 아랫집에서 전화 온 것이 너희들만의 잘못도 아니었고. 하지만 그냥 걸어 다니는 발소리도 아래층에선 크게 느껴지기도 하지. 조용한 시골에 계시다가 혼자 서울 아파트에 와 계시는 그 할머니 입장에서 생각해 보면 그러실 수 있겠다는 생각이 들더구나. 엄마도 처음엔 그냥 죄송하다고 하다가 이러다간 두 집 사이가 안 좋아지겠다 싶어서 용기를 냈단다. 그 전날 저녁에는 우리가 집에 들어오자마자 전화를 하셨지. 한 시간 전부터 시끄러웠다고 하시는 걸 보니까 오해를 하실 때도 가끔 있는 것 같더구나. 한 겨울에 귀한 딸기를 두 상자나 들고 서 있는 우리 모습에 할머니께서 적잖이 당황하신 것 같았어. 딸기 사 가기를 잘했지?

우리 때문에 시끄러웠던 일을 사과드리고, 가끔은 우리 집에서 나는 소리가 아닐 때도 있다는 변명도 드렸는데 할머니께서 받아 주시니 감사하지. 너희 둘이 얌전히 앉아 있는 모습을 보시고는 "아이들이 차분해서 뛰게는 안 생겼네. 그게 윗집에서 나는 소리가 아닐 때도 있었구나" 하시잖니? 이런 일에는 서로 마음이 상하기가 쉽고, 오해를 받거나 억울하다고 생각하면 화가 나기도 하지. 종종 서로에 대한 분노가 커져서 층간소음 문제로 소송을 하는 경우도 있단다. 그런데 그 과정에서 서로 얼마나 많은 에너지가 소모되겠니? 시간과 돈도 들지만 무엇보다 정신적으로 얼마나 지치게 될까 하는 생각이 든단다. 서운함이 분노로 바뀌기 전에, 분노가 더 큰 싸움으로 발전하기 전에 관계를 푸는 것이 중요하지. 그 할머니께서는 우리 셋이 찾아간 것만으로도 마음이 녹으신 것 같더구나. 덕분에 우리 마음도 아주 편해지지 않았니?

원수를 사랑하라는 예수님 말씀은 반드시 영화에 나오는 그런 원수만 말씀하시는 것이 아니란다. 화가 나게 만들고 미운 마음이 생기게 하는 사람을 더 미워하고 더 큰 힘으로 상대하는 것이 아니라 용서하고 선하게 대하라는 말씀이지. 엄만 너희들이 평생 누구하고도 관계가 막히지 않고 그 속에서 천국을 누리기를 축복한다. 하지만 혹시 불편한 관계가 되었을 땐 선으로 악을 이겨 그 막힌 관계로부터 진정한 승리와 자유를 얻는 우리 딸 아들이 되기를 축복한다. 사랑해.

엄마의 기도

하나님과 원수 되었던 저희를 다시 화목하게 만들어 주신 예수님, 감사합니다. 저희 자녀들도 예수님처럼 화평을 만드는 사람이 되게 하소서. 화가 나게 하고 미운 감정이 들게 하는 사람을 선하게 대하여 진정한 승리를 얻는 하나님의 자녀가 되게 하소서. 예수님의 이름으로 기도드립니다. 아멘.

57

"친구가 약속을 안 지켜요."

친구와의 약속은 지키고, 하나님의 약속은 신뢰하렴

 미니야, 친구가 약속을 안 지켜서 실망했겠구나. 놀이터에서 30분이나 기다렸는데 마음이 상했겠네. 그 친구가 약속할 때는 지킬 수 있을 것 같아서 했겠지. 갑자기 사정이 생겼거나 시간 확인하는 걸 깜박했나 보다. 1학년이라 아직 약속을 기억하는 것이 습관이 안 되어 있을 수 있거든. 어떤 사정이 있었는지 내일 들어보기로 하고, 친구를 이해해 주도록 하자꾸나. 어쩌면 사람들은 약속을 너무 쉽게 하고 또 쉽게 어기는 것 같기도 해. 약속은 대개 말로 하기 때문에 그땐 어려워 보이지 않을 수 있거든. 하지만 그 약속을 지키기 위해서는 시간을 들

이거나 노력을 해야 한단다. 혹시 그 시간에 다른 일이 생기면 자기가 한 약속을 지키기 위해서 손해를 봐야 할 수도 있어. 너희는 너무 가볍게 약속하지 않았으면 좋겠구나. 과연 지킬 수 있는지 신중하게 생각하고, 자기가 정한 그 약속을 소중히 여겨 지키기 위해 노력하는 우리 딸 아들이 되기를 축복한다.

하지만 사람은 자기의 사정이 어떻게 변할지 다 알 수가 없단다. 약속을 꼭 지키고 싶어도 그 시간에 갑자기 지킬 수 없는 사정이 생길 수도 있거든. 그래서 '절대로'라는 말은 함부로 하지 않는 것이 좋단다. 가령 약속을 못 지킬 경우 자기가 감당할 만큼의 보상을 한다고 할 수는 있겠지. 하지만 지키지 않을 경우에 어떤 것이라도 다 감당하겠다는 식의 장담은 하지 않는 것이 좋단다. 무슨 일이 있어도 반드시 약속을 지킬 수 있는 분은 하나님밖에 안 계시거든. 하나님은 약속에 신실하신 분이란다.

전에 다니가 그랬지? "엄마, 내 소원은 이루어질 수밖에 없어요." 그래서 왜냐고 물었더니, "여기 있잖아요. '의인된 네게는 그 원하는 소원이 이루어질 것이라'고요." 엄마가 읽어 준 축복기도문을 들고 와서 네가 그랬었지. 물론 가지고 싶은 것이 있어서 한 말이지만, 하나님의 말씀을 자기 것으로 받아들이고, 그가 하신 약속을 믿는 네 마음이 사랑스러웠어. 그래, 하나님의 말씀은 너희를 향한 약속이란다. 성경 속에는 자녀인 너희를 향한 복되고 멋진 약속들이 무척 많지. 그것이 사람의 약속이라면 기대를 할 수 없겠지만, 신실하신 하나님께서 하신 약속이기 때문에 그가 반드시 이루실 거란다. 그 약속을 믿는 사람들에게 말이지. 그는 신실하시고, 이루지 못하실 것이 없는 전능하신 하나님이시거든. 하나님의 약속을 믿어 성경에서 말씀하신 많은 복을 누리는 우리 딸 아들이 되기를 축복한다.

························ 엄마의 기도 ························

주님. 저희 자녀들이 약속의 소중함과 그에 따르는 수고를 알아 함부로 약속하지 않는 지혜가 있게 하소서. 약속한 것은 성실하게 지키는 아이들이 되게 하소서. 성경을 통해 약속을 주시고 신실하게 이루어 가시는 하나님께 기쁨으로 구하는 저희 자녀들 되게 하소서. 그래서 하나님께서 준비해 놓으신 좋은 것들을 풍성하게 누리며 살게 하소서. 예수님의 이름으로 기도합니다. 아멘.

58

"듣지 못하는 친구가 있어요."

지켜봐 주고, 기다려 주고, 함께 나아가렴

"엄마, 우리 반에 현석이라는 아이가 있는데요, 현석이는 귀가 들리지 않는대요. 귀가 들리지 않아서 말도 못 하고요. 수업종도 못 듣고 선생님 말씀도 못 들을 텐데 어떻게 공부를 하는지 모르겠어요."

사랑하는 미니야, 그 친구가 듣지 못하는 것 같아도 그 친구는 눈으로 듣고, 표정으로 듣는단다. 사람들의 입모양과 표정을 보고 그 사람이 하는 말을 들을 수가 있지. 그리고 말 대신 손으로 자기가 할 말을 표현한단다. 그것을 수화라고 하지. 우리가 쓰는 언어와 좀 다르기는 하지만 그 친구에게도 말하고 듣는 방법이 있는 거란다. 그리고 그 친구처럼 귀로 듣지 못하는 친구에겐 하나님께서 다른 감각을 더 섬세하게 해주신단다. 가령 눈이 보이지 않는 친구는 너희들이 듣지 못하는 작은 바람 소리와 빛의 소리를 들을 수 있는지도 몰라. 우리에겐 없는 현석이만의 섬세한 감각과 다른 언어를 이해하고 발견하는 눈이 너와 친구들에게도 있었으면 좋겠구나.

몸이 불편한 친구들이 우리가 보기에는 약해 보여도 하나님은 그 연약한 곳에서 그의 능력을 나타내신단다. 너희가 건강할 땐 엄마가 늘 곁에 있지 않아도 되지만 너희 몸이 아플 땐 엄마의 눈과 마음이 온통 너희에게 가 있지 않니? 다니가 열이 나고 아팠을 땐 엄마가 낮이나 밤이나 곁에서 함께했었고, 미니가 팔이 부러졌을 땐 엄마가 먹여 주고, 입혀 주고, 팔이 필요한 모든 일을 도와주었지. 그것처럼 하나님은 팔이 불편한 친구에겐 팔이 되어 주시고, 눈이 안 보이는 친구에겐 세상을 보는 다른 눈을 주신단다. 몸이 건강하지 못하거나 불편함이 있는 친구에겐 하나님의 마음과 눈길이 더 많이 머물러 있지. 하나님의 마음으로 몸이 불편한 친구를 바라볼 수 있는 우리 딸 아들이 되기를 축복한다.

우리 함께 강영우 박사님의 이야기를 책으로 읽었지? 강영우 박사님은 갑작스런 사고로 중학교 때 시력을 잃어 볼 수 없게 되었지만, 장애를 극복하고 박사가 되지 않았니? 그리고 동양인 최초로 미국에서 '대통령 직속 국가장애위원회 정책차관보'가 되셨지. 시각장애인으로서 박사가 되고, 미국 연방정부의 최고 공직자가 되신 거야. 몸에 불편함이 있다고 친구가 할 수 있는 능력이 작은 것은 아니란다. 오히려 어떤 방면에서는 더 큰 능력을 나타낼 수도 있지. 다만 그 친구가 스스로의 힘으로 불편함을 극복하고 자기의 숨은 능력을 찾아 빛을 발할 수 있도록 지켜봐 주고, 기다려 주고, 격려해 줄 수 있는 우리 딸 아들이 되기를 축복한다. 사랑해.

.... 엄마의 기도 ....

연약한 자에게 더 많이 눈과 마음이 머물러 계신 주님, 저희 자녀들이 몸이 불편한 친구를 바라볼 때 하나님의 눈으로 볼 수 있는 은혜를 주옵소서. 그 친구가 가진 다른 언어를 이해해 주고, 뛰어난 능력을 발견하여 격려해 줄 수 있는 자녀가 되게 하옵소서. 예수님의 이름으로 기도드립니다. 아멘.

59

"스마트폰만 있으면 돼요."

밖에서 함께 놀면
사이도 좋아지고 건강해진단다

'까만 콩', 쪼그맣고 새까맣고 깡말라서 선생님이랑 친구들이 붙여 준 별명이라고 했지? 울 딸한테 딱 맞네. 요즘엔 햇빛도 강한데 밖에서 신나게 놀더니 이는 하얗고 얼굴하고 몸은 온통 새까맣게 되었구나. 신나게 잘 놀고 실컷 노는 것이 건강해 보여서 좋다. 에너지도 잘 충전되고 있는 중이지? 놀이는 수업시간에 배울 수 없는 소중한 것들을 배우고 경험하는 시간이거든. 놀이를 하려면 어떤 방법으로 진행되는지를 알고, 규칙을 배워야 한단다. 그런데 놀다 보면 규칙에서 정하지 않았던 여러 가지 경우가 생기지 않니? 그땐 친구들끼리 새롭게 정해나가야 하는데, 그 과정에서 의논하고 양보하면서 마음을 모아가는 것이란다. 사람들과 어울려 사는 방법을 놀면서 배우는 것이라고 할 수 있지. 그리고 친구들과 밖에서 뛰어 노는 시간은 몸이 건강해지는 시간이거든. 뛰어다니면서 깔깔거리고 놀이터에서 매달리기도 하고 공놀이도 하면서 네가 모르는 사이에 몸이 튼튼해지는 것이란다. 노는 시간은 즐겁고 많이 웃기 때문에 몸과 마음이 건강해지는 시간이지. 잘 놀고 신나게 노는 우리 딸 아들이 되렴.

잘 논다는 건 놀기만 하는 걸 의미하지는 않는단다. 생각하기에는 매일 놀기만 하면 행복할 것도 같고, 반대로 긴 시간 앉아서 공부만 하면 실력이 늘 것도 같지만 그렇지 않단다. 이 두 가지가 적절해야 자기 할 일에도 충실하고 노는 것도 즐거울 수 있는 거야. 공부할 땐 집중해서 하고, 놀 땐 신나게 놀아야 시간을 효율적으로 잘 사용하는 것이고, 능률이 오른단다. 그런데 말야, 놀 때는 나 혼자만 즐거운 것인지 나와 함께 노는 친구들도 즐거워하는지 살필 수 있어야 한단다. 가령, 나는 즐거운데 친구들이 나 때문에 힘들어하거나 짜증스러워하면 혹시 내가 너무 고집을 부리는 건 아닌지, 우기는 건 아닌지 반성을 해봐야 한단다. 놀이는 같이 하는 사람도 즐거워야 내가 잘 놀고 있다는 얘기거든. 친구랑 다툼이 자주 난다면 나를 반성해 볼 필요가 있는 거란다. 신나게 놀되 친구와 다툼 없이 사이좋게 잘 노는 우리 딸 아들이 되어라.

　요즘엔 친구들이랑 노는 것보다 혼자 노는 시간을 더 좋아하는 아이들도 있다는 구나. 스마트폰이 있어서 더 그런 것 같기도 해. 그런데 사람은 어울려 사는 거란다. 때론 혼자서 조용히 시간을 보내는 것도 좋지만, 늘 혼자 있기만을 즐기는 것은 좋지 않을 것 같아. 언젠가는 외로워지게 되고 다시 어울리는 것이 힘들어질 수 있거든. 그리고 혹시 친구들과 놀다가 삐치거나 맘 상하는 일이 있더라도 그날을 넘기지 않기를 바란다. 네가 먼저 마음을 풀고 화해해서 다시 즐겁게 놀 줄 아는 건강한 우리 딸 아들이 되기를 축복한다. 사랑해.

·················· 엄마의 기도 ··················

주님, 저희 자녀들이 한참 자라는 이 시기에 친구들과 잘 뛰어놀고 신나게 놀게 하옵소서. 놀면서 몸도 자라고 마음도 자라게 하소서. 밖에서 잘 뛰어놀고 안에서 집중하여 잘 공부하는 은혜도 있게 하옵소서. 예수님의 이름으로 기도드립니다. 아멘.

60

"엄마가 언제 제일 좋은지 아세요?"

네 말은 천천히, 친구의 말엔 호응하는 센스쟁이가 되렴

오늘 너희 학교에 학부모연수가 있어서 엄마가 참석했었단다. 사춘기에 있는 아이들에게 '엄마가 제일 좋을 때'가 언제인지 설문조사한 결과를 말씀해 주시더구나. 여러 가지 대답이 나왔는데 맛있는 걸 사주실 때, 옷을 사주실 때라는 대답이 많았어. 우리 다니, 미니도 아마 비슷한 대답을 하지 않았을까 하는 생각이 들었단다. 그런데 제일 많이 나온 답변은 좀 달랐어. '엄마가 내 이야기를 끝까지 들어줄 때'라고 답변한 아이들이 제일 많았더구나. 반면에 잔소리할 때와 다른 친구와 비교할 때 엄마가 싫었다는 답변이 많았단다.

엄만 너희를 사랑하기 때문에 해주고 싶은 것이 많단다. 엄마가 만들어 준 음식을 맛있게 먹는 모습을 보면 엄마도 배가 부르지. 새 옷을 입고 이리 돌고 저리 돌면서 좋아하는 모습을 봐도 행복해진단다. 그런데 너희 이야기에 귀를 기울여 잘 들어주었는지는 반성이 되는구나. 잘 들어주지도 않으면서 이거 해라, 저거 해라 했다면 잔소리로 들렸겠지. 앞으론 엄마가 많은 말을 하기 전에 너희의 생각과 이야기를 끝까지 귀 기울여 듣도록 노력할게.

 사람들이 대화하는 걸 가만히 보면, 상대방이 말할 때 끝까지 다 듣고 자기 말을 하는 사람이 흔하지 않단다. 친구가 말하고 있을 때 끼어들거나 친구의 이야기에는 아예 귀를 기울이지 않고 자기 말만 계속하려는 친구를 너희도 보았을 거야. 그런 친구와 함께 이야기를 하면 답답하고 힘들다는 건 너희도 잘 알지? 엄만 너희가 친구의 이야기를 끝까지 잘 들어주는 사람이 되기를 축복한다.

 말을 많이 하는 사람은 실수가 많은 법이란다. 생각을 차분하게 하지 않고 급하게 말하다 보면 상대방에게 상처 주는 말을 하기도 하고 남의 비밀을 함부로 드러내기도 하지. 급하고 많은 말을 하기보다는 듣기를 잘하고, 과연 상대방을 배려한 말인지 생각하며 말하는 우리 딸 아들이 되기를 기도한다. 잘 들어준다는 건 어떻게 보면 쉬운 일은 아니란다. 내가 하던 일을 멈추고 상대방의 눈과 표정을 바라봐 주는 수고가 필요하거든. 그래야 상대방의 말을 내가 잘 듣고 있다는 걸 보여 줄 수가 있거든. 더불어 적절한 반응을 해주면서 듣는 센스도 필요하단다. 기쁜 이야기를 할 때는 같이 웃어 주고, 힘든 이야기를 할 땐 끝까지 듣고 나서 위로도 해주고 다독여도 주는 사랑의 수고가 필요하단다. 그런 사람에게는 다른 사람이 많이 찾아오고 함께하고 싶어 한단다. 편안하고 즐겁거든. 다니, 미니가 그런 가슴 따뜻한 사람이 되기를 축복한다. 사랑해.

엄마의 기도

저희의 작은 소리 하나도 놓치지 않고 귀 기울여 들어주시는 주님, 감사합니다. 저희 자녀들이 대화를 할 때 자기 말에 급하지 않고 친구의 이야기에 귀 기울여 들어주는 가슴 따뜻한 사람이 되게 하소서. 예수님의 이름으로 기도드립니다. 아멘.

61

"농담에도 뼈가 있다고요?"

하나님도 웃으실
재치와 유머를 발휘해 보렴

다니야, 엄마도 고슴도치가 맞나 보다. 오늘 낮에 있었던 일이 자꾸 생각나면서 미소가 지어지네. 예배 갈 때 가방을 두고 성경책만 들고 가느라 열쇠꾸러미를 주머니에 넣기가 너무 무거웠거든. 그래서 현관 열쇠만 빼서 성경책 지퍼 안에 넣어 두었단다. 예배가 끝나고 집에 돌아와서 성경책을 열어 열쇠를 꺼내는데 가만히 보던 네가 박수를 치면서 그랬잖니? "와~ 하하하. 역시 성경 속에는 뭐든지 다 들어 있구나!" 그때 엄마도 웃고 너도 웃었지만 하나님께서도 손뼉을 치시면서 크게 웃으셨을 것 같아. 그러면서 이렇게 말씀하시지 않으셨을까?

"우리 다니는 농담도 예쁘게 하네."

　때론 진지하고 심각한 대화가 필요할 때도 있지만, 그 가운데 유머가 곁들여진다면 적당히 간이 된 음식처럼 맛있는 대화가 될 수 있단다. 적절한 유머는 사람들의 딱딱한 분위기를 녹이고 닫혔던 마음을 열게도 하지. 정치인이 연설을 할 때 유머를 통해 위기를 벗어나기도 하고, 국가를 대표하는 외교관이 적절한 유머로 상황을 유리하게 만들기도 하거든. 1984년 미국 대통령선거에서 먼데일 후보(56세)가 역대 대통령 중 가장 나이가 많은 로널드 레이건 대통령(73세)에게 "대통령직을 수행하기에 너무 나이가 많다고 생각하지 않으십니까?" 하고 그의 나이를 문제 삼았단다. 레이건 대통령은 그에 대해 "나는 상대편 후보가 너무 젊어서 경험이 부족하다는 사실을 정치적으로 문제 삼지는 않겠다"고 말했지. 그 농담에 먼데일 후보도 웃었고 청중들도 크게 웃어 토론 분위기가 완전히 역전되었다고 하는구나. 자신을 비난하는 사람이라도 이렇게 재치와 유머로 웃으며 이길 수 있는 지혜가 너희들에게 있기를 축복한다.

　그런데 말야, 사람들은 상대방을 비꼬거나 그 사람의 흠을 드러내는 말을 해놓고는 '농담이야' 하고 말하는 경우가 많이 있단다. 그때는 분위기를 맞추느라 아무렇지도 않은 듯 넘어가지만 잠시 후엔 쓴맛을 느끼듯 상대방의 마음을 상하게 할 수 있지. 농담을 하려면 듣는 사람에게 웃음뿐 아니라 칭찬하는 마음까지 담는 지혜가 있기를 바란다. 오늘 다니가 "역시 성경 속에는 뭐든지 다 들어 있구나" 하고 말을 한 건 그 안에서 생각지도 못했던 열쇠가 나왔기 때문이었겠지. 하지만 성경에는 우리에게 필요한 모든 것이 들어 있다는 고백도 같이 한 거거든. 그걸 들으시고 하나님께서도 흐뭇한 미소를 지으셨을 것 같아. 사람을 향해 하는 걸 칭찬이라고 한다면 하나님을 칭찬하는 것은 찬양이라고 하거든. 다니의 농담은 하나님을 찬양한 것이란다. 농담을 할 때 하나님께서도, 듣는 사람도 함께 웃을 수 있는 그런 지혜와 재치가 너희에게 있기를 축복한다. 사랑해.

──────── 엄마의 기도 ────────

주님, 저희 자녀들에게 말의 지혜를 주소서. 무겁고 진지한 대화 속에서도 사람들을 웃게 할 수 있는 재치가 있게 하소서. 농담에도 칭찬을 담아서 하게 하시고, 하나님을 찬양하는 말을 일상의 대화 속에 담아 하는 예쁜 자녀들 되게 하소서. 예수님의 이름으로 기도드립니다. 아멘.

62

"혼나는 건 무조건 싫어요."

사랑으로 주는 훈계라면
감사함으로 받으렴

엄마에겐 생각하면 가슴이 아픈 제자가 있단다. 학교로 발령을 받고 이듬해 처음 5학년 아이들의 담임을 했었지. 재우라는 아이가 있었는데, 그 녀석 하루가 멀다 하고 말썽을 부리는 거야. 아침부터 공을 차 시계를 깨뜨리질 않나, 물건을 슬쩍하질 않나, 하여튼 교실에서 일어나는 사고는 대부분 그 녀석이 한 일이었지. 그런데 "너지?" 하면 또 아니라고 빼는 일도 없었단다. 어느 날은 중요한 공책이 없어져서 찾는데 그 녀석이 자랑스럽게 찾아오는 거야. 아이들 하고 열심히 찾았는데도 없었거든. 그래서 조용히 물었지. "네가 숨겼지?" 그랬더니 또 맞다더구나. 야단도 치고 설득도 해보고 하다가 반복되는 그 녀석 말썽에 지쳐 어느 날엔 잘못을 했는데도 그냥 가라고 했더니 가지를 않는 거야. 그렇게 야단을 칠 땐 울지도 않던 녀석이 그냥 가라니까 울면서 혼내 달라는 거야. 생각해 보니 엄마가 안 계셔서 잘못을 할 때 야단쳐 주는 그 사랑이 그리웠던 것이란다. 그땐 엄마도 아직 초보 선생님인데다가 결혼도 하기 전이라 잘 몰랐었지.

7년이 지났을 때였나? 낯선 청년에게서 전화가 왔더구나. 재우였단다. 내일 대입 시험을 보는데 선생님 생각이 나서 연락처를 찾았다고 하더구나. 반가운 목소리에 놀러오라고, 시험 보기 전에 고기 사주겠다고 했더니, 그 녀석 미안해서 못 오겠다고 그러더구나. 5학년 때도 재우 생일이어서 케이크를 하나 사줬는데 집에 가져가면 혼날 것 같다고 받지 않고 그냥 돌아섰던 기억이 나는데, 세월이 흐른 뒤에도 여전히 미안해서 못 오겠다는 그 말에 엄마 마음이 많이 안타까웠단다.

사랑하는 다니야, 미니야. 어떤 사람에겐 무조건 피하고 싶은 회초리가 어떤 사람에겐 일부러라도 맞고 싶은 사랑이란다. 잘못을 했는데 꾸중도 안 하고 그대로 두었다면 내 자식이 아니라 옆집 자식이고, 사랑하지 않는 것인지도 몰라. 잘못했을 때 꾸중해 주시는 분이 있음으로 인해 감사하는 우리 딸 아들이 되었으면 좋겠다. 비록 그 훈계가 당장에는 쓰고 힘들더라도 겸손하게 받아들이기를 축복한다. 누구는 매번 커닝을 하는데도 한 번도 안 걸리는데, 딱 한 번 했는데 걸렸다면 하나님께서 그 사람을 무척 사랑하시는 거란다. 남들은 거짓말을 해도 티 안 나고 잘 넘어가는데, 거짓말을 할 때마다 얼굴이 붉어져서 사람들이 금방 알아차린다면 하나님께 감사하자. 잘못된 길로 가지 못하도록 안전장치를 주신 하나님의 사랑이란다. 사랑으로 주는 것은 감사함으로 받는 사람이 되렴. 자존심 때문에, 미안하다고 사랑으로 주는 걸 알면서도 받지 않는다면 사랑하는 사람의 마음을 안타깝게 하는 거란다. 훈계도 사랑도 감사함으로 받는 우리 딸 아들이 되길 축복한다. 사랑해.

엄마의 기도

주님, 저희 자녀들이 잘못을 했을 때 훈계를 사랑인줄 알아 겸손함으로 받게 하소서. 그리고 사랑으로 주는 것은 하나님께서 주시는 것인 줄 알아 감사함으로 받는 사랑스런 자녀들 되게 하소서. 예수님의 이름으로 기도드립니다. 아멘.

'사랑한다, 축복한다' 더 많이 말해 줄게

어떻게 엄마가 되는 건지 배우기도 전에 하나님께서 첫 딸을 제게 주셨습니다. 태어나서 어찌나 울던지 울음소리가 들리기 시작하면 당황해서 분유나 물을 쏟는 일이 한두 번이 아니었습니다. 그렇게 아이가 태어나면서 저도 엄마로 태어나고, 아이와 함께 엄마로 자라온 것 같습니다.

아이들이 어릴 때는 내가 계획하고 해주는 만큼 만들어지고 자라주는 것인 줄 알았습니다. 그런데 아이들이 자랄수록 내가 해줄 수 있는 것이 그리 많지 않다는 걸 점점 더 깨닫게 되었습니다. 내가 키우는 것이 아니라 하나님께서 하시는 일임을 알았습니다. 그 사실을 인정하고 나니 마음이 편안해졌습니다. 내 손 안에서 큰다고 생각하면 내 스케일만큼만 자랄 테고, 내가 해주는 만큼만 할 수 있고, 그래서 내가 실수하거나 잘못했을 때를 생각하면 자녀를 키운다는 것이 얼마나 불안한 일이었는지 모릅니다. 하지만 하나님 손에서 크도록 내어드리고 나니 마음이 든든해졌습니다. 아이들은 하나님의 스케일로 자라도록 맡기고, 저는 다만 축복하며 자라가는 모습을 기뻐할 수 있게 되었습니다.

사랑하는 우리 자녀들이 하나님과 사람들 앞에서 은총과 귀중히 여김을 받으며 자라기를 소원합니다. 축복이란 내가 할 수 없는 그것을 하나님께서 이루시도록 기도하고, 맡기며, 즐거워하는 일일 것입니다. 엄마라서 감사하고 행복합니다.